누구나
흔들리며
페미니스트가
된다

누구나 흔들리며 페미니스트가 된다

초판 1쇄 인쇄 | 2019년 5월 27일
초판 1쇄 발행 | 2019년 6월 3일

지은이 이유주
책임편집 손성실
편집 조성우
마케팅 이동준
디자인 권월화
용지 월드페이퍼
제작 성광인쇄(주)
펴낸곳 생각비행
등록일 2010년 3월 29일 | 등록번호 제2010-000092호
주소 서울시 마포구 월드컵북로 132, 402호
전화 02) 3141-0485
팩스 02) 3141-0486
이메일 ideas0419@hanmail.net
블로그 www.ideas0419.com

ISBN 979-11-89576-27-1 03300

누구나 흔들리며 페미니스트가 된다

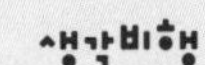

여성의 마음, 가장 치열한 전쟁터

온라인 여성 커뮤니티에서 흔히 관찰할 수 있는 모습 중 하나가 바로 자신의 흑역사 고백이다. 페미니스트로 각성한 여성들은 그 이전에 자신들이 얼마나 열심히 꾸밈 노동을 해왔는지, 그리고 얼마나 열렬히 남성의 이해관계를 변호해왔는지 고백하고, 그 고백을 듣는 이들은 대부분 이에 공감하며 자신의 경험을 함께 털어놓는다.

지금은 페미니즘에 관한 책을 쓰고 있지만, 나에게도 그런 과거가 있었다. 과거 나도 낙태죄 폐지에 반대한 적이 있는데, 그 당시엔 막연히 낙태죄가 폐지된 미래에 대해 두려움을 갖고 있었던 것 같다. 그리고 페미니스트들을 보며 너무 유난스럽고 이기적이라고 생각했던 적도 있었다. 아마 이와 비슷한 경험이 없는 페미니스트는 아무도 없을 것이다.

그런데 이 사회는 여성에 대한 범죄 수준의 음란물이 매일같이 올라오는 일베에 대해서는 그들이 왜 그렇게 되었는지 사회적 원인을 분석하려 하면서, 심지어는 연쇄살인범에 대해서조차도 그렇게 하면서, 한때 열렬히 남성을 변호하던 여성들이 왜 페미니스트가 되었는지에 관해서는 분석하려 하지 않는다. 그러고는 페미니스트들이 태생부터 유별난 사람들인 것처럼, 마치 외계에서 뚝 떨어지기라도 한 사람들인 것처럼, 간단히 그들을 '혐오 세력'으로 규정한다.

그러나 페미니스트들은 외계에서 뚝 떨어진 것도 아니고, 어디 고립된 섬에 따로 모여 살고 있는 것도 아니다. 페미니스트들 역시 남성들과 긴밀한 관계를 맺고 살아왔고, 지금도 그러하다. 나는 누군가의 딸, 오누이, 여자 친구였던 여성들이 페미니스트가 되어가는 과정을 이야기하고 싶었다. 페미니스트는 어느 날 갑자기 뚝딱 완성되어 하늘에서 떨어지는 사람들이 아니기 때문이다.

지난 몇 년간 여성운동 진영에서는 너무나도 많은 일들이 있었다. 갑자기 참여 인원이 폭발적으로 늘어났고, 논쟁은 치열해졌고, 그 와중에 상처 받고 어느 날 갑자기 종적을 감춰버리는 동료들도 늘어갔다. 왜 이런 일들이 벌어졌을까? 나는 페미니스트가 되는 과정이 녹록지 않기 때문이라고 말하고 싶다.

남성 중심 사회는 페미니스트들을 단순히 '이기주의자'로 규정하고, 성별 대립을 '상호 혐오' '이성 혐오'라고 말한다. 그러나 이러한 결과론적 해석은 여성이 페미니스트가 되는 과정에서 발생하는 수많은 내적 갈등과 사건들을 생략했기 때문에 옳지 않다. 여성주의는 지금까지 보던 세상을 완전히 다른 시각에서 보려는 시도이며, 이 과정은 수많은 혼란과 주저함, 갈등을 거치며 이루어진다.

현 사회에서 남성이 기득권을 쥐고 있다는 것은 부정할 수 없는 사실이다. 일반적으로 사람은 성별에 관계없이 강자를 선망한다. 그렇기 때문에 열렬히 여성의 편을 드는 남성은 거의 없지만, 열렬히 남성의 편을 드는 여성들은 넘쳐나는 것이다. 이 사회는 남성과 여성이 서로를 혐오하는 사회가 아니라, 남성과 여성 모두가 여성을 혐오하는 사회이다. 여성 페미니스트들조차도 자신 안에 있는 여성 혐오를 발견하고 놀라고 반성하기를 반복하는데, 어떻게 남성들이 자신은 여성 혐오를 하지 않는다고 말할 수 있는가?

페미니스트가 된다는 것은 단순히 남성을 대적하는 사람이 된다는 것을 의미하지 않는다. 그보다는 자꾸만 강자의 위치를 선망하고 그들의 이익을 대변하려 하는 자신 안의 비겁함을 직면하고 맞서 싸우는 일이다. 그렇기에 페미니스트가 되기로 결심한 여성들은 이 내면의 전쟁만으로도 이미 녹초가 되고 만다.

대표적인 자유주의 사상가 존 스튜어트 밀은 《여성의 종속》•

이라는 저서에서, 여성에 대한 지배가 다른 모든 종류의 지배보다 더욱 끔찍한 것은 바로 여성의 마음을 지배하려 하기 때문이라고 지적한 바 있다. 수세기 전에 쓰인 저작임에도, 오늘날의 현실에 어떻게 이렇게 잘 들어맞을 수 있는지 놀라울 따름이다.

남성과 여성의 성별 싸움은 바로 여성의 마음속에서 이루어진다. 남성들은 여성을 진심으로 남성의 이해관계에 동조하게 만들기 위해, 여성인 척 여성 커뮤니티에 잠입하여 여성들을 훈계한다. 그리고 자신의 마음에 들게 행동하는 여성에게는 '개념녀'라는 훈장을, 그렇지 않은 여성에게는 '김치녀'라는 모욕을 줌으로써 여성들의 행동뿐 아니라 마음까지도 조종하고 통제하

• 해당 저작은 존 스튜어트 밀이 자신의 아내 헤리엇 테일러와 함께 저술한 것으로 알려져 있다. 여성의 지식을 폄하하던 당시 시대 상황 때문에 존 스튜어트 밀의 단독 저작으로 발표되었으나, 밀은 자신의 아내 헤리엇 테일러의 지적 능력을 상당히 높게 평가했으며, 그녀로부터 많은 지적 영향을 받았다고 밝힌 바 있다.

려 한다.

여성운동의 본질은 바로 여기에 있다. 여성운동은 자신의 마음을 지배하려 하는 남성의 시도에 맞서 싸우는 일이며, 그렇기에 페미니스트들은 다른 누구보다도 자기 자신과 가장 치열한 싸움을 벌일 수밖에 없다. 이미 자기 자신과의 싸움만으로도 충분히 지친 사람들은 동료를 포용할 정신적 여유가 없다. 최근 여성들끼리 서로 상처주는 일이 늘어난 것도 여기서 비롯된 것으로 짐작한다.

혹시 지난 몇 년간의 싸움으로 지쳐 있는 페미니스트가 있다면 말해주고 싶다. 커다란 일을 하지 않아도, 자신의 마음을 남성으로부터 지켜낸 것만으로도 충분히 잘하고 있다고. 그것만으로도 너무나 힘든 싸움을 한 것이라고. 누구나 그렇게, 흔들리며 페미니스트가 되어가는 것이라고.

차례

3 가부장제 사회에 비비탄을 쏘아 올리다

4 새로운 지구를 위한 상상력

1
개념녀가 되길 포기하다

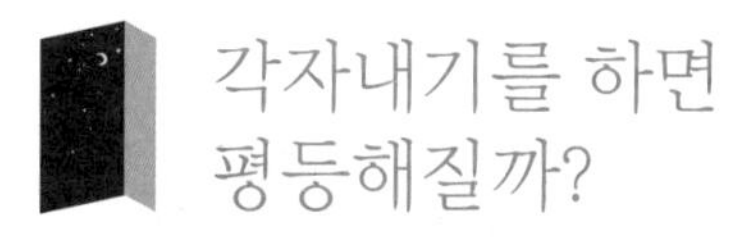

각자내기를 하면 평등해질까?

최근 페미니즘이 리부트되면서 신구新舊 페미니스트 간의 세대 단절 현상이 나타나고 있다. 이러한 세대 단절은 4년여 전 메갈리아 등장 때부터 일어나기 시작했다. 그때부터 '메갈리안이 페미니스트인가 아닌가'는 여성 진영에서조차 의견이 엇갈리는 이슈였고, 이 문제를 두고 여성 진영이 신구 갈등을 벌이기도 했다.

이는 시대가 변했고, 최근 젊은 여성들이 겪는 일에 기존 여성운동가들이 답을 주지 못하고 있기 때문에 일어난 일이 아닐까 싶다. 윗세대 페미니스트들이 겪은 일은 여성에게만 요구되는 결혼 퇴직 각서 등 비교적 명시적인 차별이었다. 그러나 그러한 차별은 윗세대 페미니스트들이 투쟁한 결과 상당 부분 사라졌다. 이제 입사 시 여직원에게만 따로 결혼 퇴직 각서를 받는 직장은 없다.

그러나 오늘날 젊은 페미니스트들이 겪는 차별은 윗세대와는 전혀 다른 양상을 보인다. 결혼했다고 해서 퇴직하라고 요구하진 않지만, 회사에는 여직원들만의 직업군이나 부서가 여전히 존재한다. 대개 저임금이거나 승진 가능성이 없는 부서들이다. 입사 시부터 본인의 희망이나 노력과 관계없이 그러한 부서에 배치되지만, 결혼 퇴직 각서와 달리 명확한 증거가 남지 않기 때문에 이로 인한 모든 결과가 여성 개인의 책임이 되고 만다. 애초 승진이 제한된 부서로 여성을 배치한 회사의 책임은 거론되지 않고, 승진하지 못한 것이 모두 여성 개인의 노력 부족으로 돌려지는 것이다.

이와 비슷한 현상은 일본에서도 일어났다. 채용 과정에서 성차별을 금지하는 남녀고용균등법이 통과되자, 기업은 기존에 남녀를 나눠서 뽑던 것을 종합직, 일반직으로 바꿔 뽑기 시작했다. 하지만 용어만 바뀌었을 뿐, 남녀가 담당하는 업무는 거의 그대로였다. 종합직은 승진 가능성이 보장된 직무, 일반직은 승진 가능성이 거의 보장되지 않는 직무를 맡게 되는데, 종합직은 기존의 남성의 업무, 일반직은 기존의 여성의 업무였던 것을 용어만 바꾼 것에 불과했다. 이러한 현상을 최근에는 '유리벽'이라고 하는데 우리나라 기업의 경우도 비슷한 꼼수를 쓰고 있다.

이처럼 윗세대와는 달리 현재 여성 차별의 형태는 점점 더 은밀하고 교묘해지고 있다. 눈을 크게 뜨고 보지 않으면 잘 드러나지 않기 때문에 여성 스스로도 차별이 없다고 착각하는 경우가 종종 생기고, 젊은 남성들의 경우는 더더욱 그렇다. 기업의 차별이 은밀해질수록, 이로 인해 파생된 결과를 여성 개인의 책임으로 돌리는 논리도 더욱 힘을 얻게 된다. 이것이 지금 젊은 여성들이 마주하고 있는 현실이다.

남자친구로부터 각자내기(더치페이) 요구를 받았을 때 응해야 할까, 말아야 할까, 라는 문제는 비교적 단시일 내에 결정을 요하는 문제이지만, 이러한 문제에 대해 고상한 학술서는 전혀 답을 주지 못한다. 여기서 기존 여성운동 진영에 대한 젊은 여성층의 불신이 생겨나는 것이다. 젊은 여성들은 당장 자신들의 일상에 해답을 주는 페미니즘을 원한다.

그렇다면 본론으로 돌아가서, 각자내기를 해야 할까, 말아야 할까? 이 문제에 대해 딱 부러진 결론을 낼 수는 없다. 개개인의 사정에 따라 다른 문제이기 때문이다. 연애와 결혼은 서로 간에 애정을 바탕으로 한 관계이기 때문에 정답이 있을 수 없다. 개개인의 사정에 맞게, 서로 합의하여 결정할 문제이다. 그러나 적어도 '각자내기'를 성 평등의 전제 조건으로 내세우는 것은 잘못되었다고 말할 수 있다. '성차별은 여성이 동등한 의무를 다하지 않기 때문에 발생하는 것이다'라는 생각으로 각자내기를 요구한다면, 그러한 방식의 실천은 성평등을 달성할 수 없다. 그 맥락 속에서 국가와 기업의 책임은 삭제되기 때문이다.

'데이트 시 남성이 비용을 부담해야 한다.'라는 고정관념은 사회가 남성에게 더 많은 고용 기회, 특히 고임금 직종에 근무할 기회를 더 많이 부여하기 때문에 생겨났다. 그런데 여성이 남성과 연애할 때 각자내기를 한다고 해서 기업이 갑자기 "요즘 여성들은 남자친구와 각자내기를 해야 한다고 하니 여성도 남성과 동등하게 뽑읍시다."라고 할 리는 만무하다. 여성이 데이트 비용을 각자내기 한다고 해서 남성을 75퍼센트씩 뽑던 대기업이 갑자기 50퍼센트만 뽑는 것은 아니다.

최근 언론을 통해 성차별 채용의 사례가 속속 밝혀지고 있듯,• 대기업 사원의 75퍼센트가 남성인 것은 남성의 능력이 객관적으로 뛰어나기 때문이 아니라, 노골적인 남성 우대의 결과

• 2018년 금감원의 특별감사를 통해, KEB 하나은행이 2013년 하반기 공채에서 남녀합격자 비율을 4대 1로 정한 점, 그리고 KB 국민은행이 2015년 상반기 채용에서 여성지원자를 떨어뜨리기 위해 남성지원자 100여 명에게 가산점을 준 사실이 드러났고, 이에 KB 국민은행 인사팀장이 구속되었다. 이후 성차별 채용 의혹은 삼성, 한화 그룹 등 금융계 전반으로 확산되고 있다.

이다. 남성들은 단지 남성이라는 이유만으로 가산점을 받아 여성 지원자를 제치고 합격했던 것이다. 하지만 기업 면접에서 '남자친구와 각자내기를 하느냐?'라는 질문이 여성 지원자에게 주어졌다는 말을 나는 들어본 적이 없고, 그것이 채용의 기준이 되었다는 말 역시도 나는 들어본 적이 없다.

이런 상황에서 성평등을 위해 여성이 각자내기를 해야 한다는 주장은, 사회구조적인 성차별을 여성 개인의 탓으로 돌리고 있기 때문에 문제가 된다. 이는 전형적인 피해자 유발론이고, 기득권을 합리화하는 논리이다. 각자내기를 성평등의 전제 조건으로 주장하는 남성들은 부당한 남성 프리미엄의 결과를, 자신들의 능력으로 성취해낸 정당한 몫이라 주장하고 싶은 것이다.

사회적 약자가 강자와 동등한 의무를 부담한다고 해서 평등한 사회가 이뤄지는 것은 아니다. 현재 한국의 법인세는 유럽 여타 국가에 비해 현저히 낮은 수준이지만, 기업이 더 많은 특혜를 누리는 곳은 유럽이 아닌 대한민국이다. 대한민국의 기업은 유럽에 비해 현저히 낮은 법인세를 내면서도 언제나 기업 범죄에 대해 관대한 처분을 받으며, 기업 사정이 어려워질 땐 정부로부터 막대한 지원금을 받고 있다. 삼성의 이건희 회장조차 '한국만큼 기업하기 좋은 나라가 어디 있나.'라고 말할 정도이다.

평등을 위해 약자에게 동등한 책임을 부과하자는 논리는, 관심의 초점을 기득권의 부당함에서 약자의 행동으로 돌려버린다. 이렇게 되면 기득권이 부당한 혜택을 얼마나 많이 누리고 있는지, 이것을 사회가 어떻게 덜어낼 것인지 하는 문제를 더는 논의하지 못하게 된다. 차별 구조를 시정하지 못하고 존속시키게 되는 것이다. 이는 성평등을 위한 대안이 아니라 성차별에 대한 합리화이다. 기득권이 합당한 책임을 질 때 사회는 오히려 더 평등해진다.

더 나아가, 데이트 폭력의 원인을 각자내기를 하지 않은 여성에게 돌리는 것은 위험하기까지 하다. 교육부에서 배포한 성교육 지침서에 '더치페이를 하지 않는 것이 데이트폭력의 원인이 될 수 있다.'라고 언급한 대목은 심히 우려스럽다. 연장자가 밥을 사는 것은 한국의 문화적 관습이다. 직장에서도 선배가 후배에게 밥을 사는 경우가 보편적이고, 기업은 사원들의 회식비를 부담하기도 한다. 그러면 후배에게 밥을 산 선배는 후배를 때려도 되고, 사원들의 회식비를 부담한 기업은 사원을 부당해고해도 되는 것인가? 그러면 안 된다는 것은 그리도 잘 알면서, 왜 여성 문제에 있어서는 이해하지 못하는지 도무지 모르겠다.

또한 각자내기를 하지 않는 것이 데이트 폭력의 원인이 된다는 것은 담당자의 개인적 추측일 뿐, 검증된 사실도 아니다. 데이트 폭력 사례에서 데이트 비용 분담 비율에 대한 통계는 없지만, 그와 비슷한 아내 폭력에 대한 여성학자 정희진의 연구를 살펴보자면, 통념과 달리 많은 폭력 가정에서 남편이 무직이었으며, 여성들은 경제력이 없기 때문이 아니라 오히려 경제력이 있기 때문에 남편에게 맞게 된다고 한다. 이처럼 여성이 데이트 비용을 덜 내는 것이 데이트 폭력의 원인이라는 근거는 찾기 어렵다. 그런데도 근거 없는 피해자 유발론에 교육부마저 동참하고 있으니 심히 우려스럽다. 피해자 유발론이 만연한 사회에서 가해자는 면책되고, 범죄는 반복되는 것이다.

그렇기 때문에 각자내기가 성평등을 위한 대안이 될 수 없다. 이 말을 데이트 비용을 남성이 전액 부담해야 한다는 것으로 오인하지 말기 바란다. 데이트 비용은 연인들이 자율적으로 정할 사항이다. 연애는 애정을 바탕으로 하는 관계이기 때문에 주로 사정이 더 좋은 쪽이 좋지 않은 쪽을 배려하게 된다. 지금까지 한국 사회에서 대개의 경우 사정이 좋은 쪽이 남자였기 때문에 남자가 데이트 비용을 부담하는 문화가 생긴 것이다. 이런 주류 문화에서 벗어나는 커플이라면 다른 방식으로 분담해도 무방하다. 하지만 적어도 '여성이 각자내기를 하지 않기 때문에 성차별을 겪는다.'라고 정당화하는 것은 곤란하다.

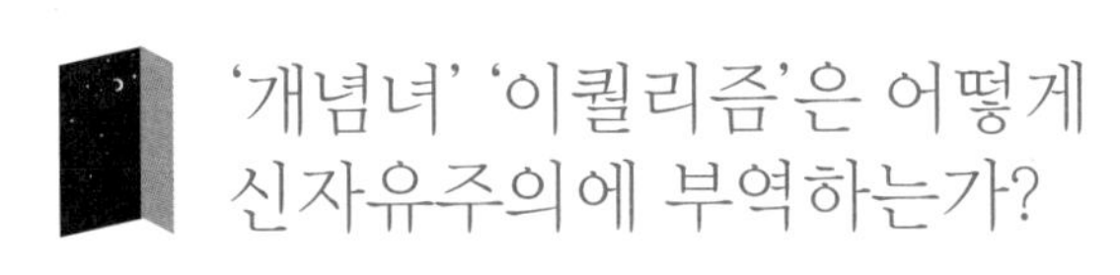

'개념녀' '이퀄리즘'은 어떻게 신자유주의에 부역하는가?

최근 온라인을 중심으로 전개되고 있는 페미니즘 운동은 기존 여성 단체와의 연관성 없이 자연발생적으로 생겨났다는 특징이 있다. 이들은 거창한 이론이나 위대한 사명감에 기대지 않고 그저 자신들이 일상에서 겪는 일들을 온라인 공간에 모여 대화하다 페미니스트로 거듭났다. 누군가는 이러한 최근의 움직임을 '이론 없이 피해의식만 한가득이다.'라고 비난하기도 하지만, 서구에서 생겨난 페미니즘 이론도 다 이런 과정을 거쳐 생성된 것들이다.

《모두를 위한 페미니즘》의 저자 벨 훅스는 1970년대 미국에서는 여성들이 서로 모여 자신의 경험을 나누는 지역별 의식화 모임들이 활발했다고 말한다. 그리고 이런 모임에서 오간 대화를 토대로 점차 페미니즘 이론이 만들어졌다고 한다. 벨 훅스는 이 점을 언급하며, 이러한 의식화 모임을 페미니즘 운동에 있어 필수적이고도 바람직한 현상이라 말한다. 왜 미국인들은 해도 되고, 우리는 하면 안 되는가?

한국의 페미니즘도 바로 이러한 경로를 밟아 성장하고 있다. 그 과정에서 여성들이 치열하게 저항한 것 중 하나가 '개념녀' 프레임이었다. 남성들은 모텔비를 반반 내는 여성, 데이트 비용을 반반 내는 여성, 작은 선물에 감동하는 여성, 소박한 식성을 가진 여성 등 주로 만나는 데 돈이 덜 드는 여성들을 '개념녀'라 말하고 이들을 예찬하며, 모든 여성을 '개념녀'로 만들기 위해 이와 대립되는 '김치녀'를 열심히 비하한다.

이 사회는 남성 중심 사회이기 때문에 남성 중심적인 가치관들은 별다른 노력 없이 그대로 흡수되는 반면 반대되는 가치관들은 어느 순간 '각성'의 계기를 통해서만 갖게 될 수 있다. 그런 만큼, '개념녀'가 되길 거부한 여성들 중에서도 한때나마 '개념녀'가 아니었던 여성은 없다. 심지어 이 점은 남성들조차 인정하는 바이다. 오죽하면 일베에서도 '여자는 대부분 25세가 넘으면 김치녀가 되니, 그보다 어린 여자를 만나라.'는 말이 회자될 지경일까? 한국 여성들은 각성의 순간이 오기 이전까지, 정도의 차이는 있을지언정 조금씩은 다 '개념녀'였다. 그렇다면 각성의 계기가 무엇이었을까?

그것은 '개념녀'에게 요구되는 수많은 사항들을 이행해본들 남성과 평등해질 수 없었다는 자각 때문이다. '개념녀'에게 요구되는 각자내기와 소박한 씀씀이는 물론 거기에 더해 남자친구에게 정성스러운 음식과 선물을 갖다 바치면서 데이트통장 카드 긁기는 남자친구에게 양보함으로써 '남자의 자존심'을 살려주는 센스를 발휘했는데도, 남성과 평등해지기는커녕 오히려 우스운 존재가 되고 말았다는 게 이들의 경험담이다.

남성들은 여자친구에게 '경제적 독립'을 요구하면서도 '사상적 독립'은 허용하지 않는다. 각자내기를 한다고 해서 남자친구의 통제와 간섭이 덜해지는 것도 아니었다. 전통적인 남성의 의무였던 '돈 지불'을 함께하지만, 전통적인 여성의 의무였던 꾸밈 노동에서 해방되는 것 역시 아니었다. 게다가 섹스 요구에 불응하면 그 역시 '개념 없는' 행동이 된다. 여기서 무언가 잘못되었음을 자각하게 된다. 그들이 말하는 '개념녀'란 결국 남성의 모든 욕망에 부응하는 여성이었음을. 그러고도 그 모든 것을 '남성이 요구한 게 아니라 스스로 원했다.'고 굳게 믿고 모든 책임을 자신에게 돌리는 여성이었음을.

명백히 자신의 자유를 억압당하고 있는 상태인데도 모든 것을 스스로 원해서 한 것이라고 착각하며 'I can do it.'을 외치는 새로운 주체. 어디선가 많이 본 것 같다. 바로 신자유주의적인 인간상이다. 제2차 세계대전 이후, 국제사회는 금 1온스를 미화 1달러에 고정하고 달러를 기축통화로 하는 '브레턴우즈 체제'를 택함으로써 복지국가를 이룰 수 있었다. 하지만 1970년대 들어 브레턴우즈 체제가 붕괴되면서 자본이 자유로이 국경을 넘나드는 신자유주의 시대가 본격적으로 열리게 된다. 그러자 더 이상 국민국가 수준에서 경제 정책을 운용할 수 없게 되면서 기존의 복지 시스템이 붕괴되었고, 기업은 노동자에게 혹독한 '자기계발'을 요구하게 되었다.

그 자기계발이란 절대적인 일자리 수가 감소했음에도 구조적 요인을 지적하기보다는, 다른 노동자와의 경쟁에서 이기지 못한 사람이 스스로에게 비난의 화살을 돌리게 하는 것이었다. 최저임금에도 못 미치는 월급을 받고 기초적인 노동 조건조차 보장받지 못한 채 일하면서, 모든 것을 '학창 시절에 공부 열심히 안 한 제 잘못이죠.'라고 자기 탓으로 돌리는 사람이야말로 신자유주의가 가장 환영하는 노동자이다.

한국 남성들이 자신의 여자친구, 혹은 잠재적 여자친구인 한국 여성들에게 요구하는 바를 보면 신자유주의적 통치술을 꽤나 잘 학습한 듯 보인다. 온갖 부당한 대우를 '개념'이라는 그럴듯한 말로 포장하며, 상대방이 주도권을 쥐고 있는 듯한 착각을 불러일으킨다. 그리하여 부당한 요구 사항을 스스로 원한다고 믿으며 열렬히 이행하게 만든다. '개념녀'란 다름 아닌, 신자유주의가 가장 선호하는 바람직한 노동자상이다.

미국의 저명한 저널리스트 바바라 에런라이크는《긍정의 배신》《노동의 배신》《희망의 배신》이라는 배신 3부작을 통해 이러한 신자유주의의 허구를 낱낱이 드러낸 바 있다. 특히 그녀는《희망의 배신》편에서 화이트칼라 구직 체험을 통해, '당신은 당신이 믿는 대로 될 수 있다.'라는 '자기 긍정' 문화를 마음껏 비웃는다. 현실은 노동자에게 선택권이 주어져 있는 상황이 아닌데도, 저러한 '자기 긍정' 문화가 결국은 구조의 책임을 지우고 모든 책임을 개인에게 돌리기 때문이다.

그러나 신자유주의 시대 이후의 수많은 자기계발서들은 '자기 긍정'을 설파한다. 수백만 부가 팔리며 전 세계적으로 열풍을 일으킨《시크릿》과 같은 책이 대표적이다. 바바라 에런라이크의 지적에 따르면 미국 초대형 교회들마저 이에 동참하는 상황이라고 한다. 1969~1970년에 미국 개혁교회 대표를 지낸 노먼 빈센트 필 목사의《긍정적 사고방식》과 같은 책이 대표적이다. 미국 근본주의 기독교의 영향을 깊이 받았으며, 세계 1위 규모의 초대형 교회까지 존재하는 한국의 경우 사정이 미국보다 심하면 심했지, 결코 덜하지 않을 것이다. '자기 긍정'은 한편으론 자기계발의 얼굴을 띠고, 또 한편으론 종교의 얼굴을 띠고 우리 각자의 마음속으로 파고들고 있다. '이퀄리즘'과 '개념녀'를 외치는 2030 한국 남성들은 이러한 신자유주의적 가치관을 이미 내면 깊숙이 받아들인 것으로 보인다.

이퀄리즘 역시 '개념녀'와 마찬가지로, 여성들이 성별 불평등을 스스로의 주체적인 선택의 결과로 여기도록 만들기 위해 고안된 단어일 따름이다. 동등한 기회를 주었으니, 성취를 못한 것은 여성 자신의 탓이라는 논리이다. (한국의 경우 형식적 기회조차 동등하지 못한 상황이지만) 혹여 형식적 기회가 동등하다 해도 그것이 실질적으로 동등한 기회를 보장하는가를 따져보아야 할 문제이지만 신자유주의는 언제나 모든 것을 구조가 아닌 개인의 책임으로 돌리려고 한다. 한국에서 이러한 신자유주의적 가치관을 가장 앞장서 내면화하고 있는 이들은 젊은 남성이며, 또 이에 가장 앞장서 저항하는 이들은 젊은 페미니스트들이다. 신자유주의에 대한 저항이 한국에서는 남녀 갈등의 양상으로 나타나고 있는 것이다.

남성들은 여성들에게 '독립적이 되라'고 말하지만, 섹스 거부는 그 독립적인 판단의 영역에 속하지 않는다. 남성이 원하는 것에 열렬히 화답하는 것만이 독립적이고 주체적인 행동에 들어갈 뿐이다. 여성이 어떤 행동을 해야 할지 결정하는 건 여성 자신이 아닌 남성이어야 하며, 여성의 몫은 언제나 그 상황을 '긍정적으로 받아들이는 것'뿐이다. 주체적 섹시, 주체적 꾸밈도 모두 이러한 '신자유주의적 인간상'이라는 맥락에 놓여 있다. 결국 '신자유주의적 인간상'이란 '자신이 주체적이라고 착각하는 노예'일 뿐이다.

하지만 그동안 신자유주의 반대를 외쳐왔던 진보 정당들, 그 중에서도 한층 더 비타협 노선을 고수했던 정의당조차도, 남녀 갈등에 대해서는 "싸우지 말고 사이좋게 지내요."라는 말로 무마하려 한다. 신자유주의적 가치관을 누구보다도 깊숙이 체화하고, 자본가가 노동자들을 착취하는 방식 그대로 여성을 착취하려 하는 젊은 남성들과 손잡고 신자유주의와 싸우는 게 가능하다고 믿는 것 자체가 헛된 꿈에 불과한 것은 아닐까?

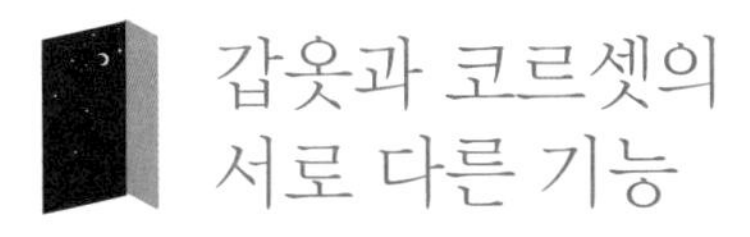

갑옷과 코르셋의 서로 다른 기능

2018년에 탈코르셋 운동이 유행하자 이에 대한 반작용으로 온라인에서 〈남자는 갑옷을 입는다〉라는 만화가 유행하기 시작했다. 여성들이 연약해야 한다는 억압을 받는다면 남성은 강인해야 하고, 여성을 지켜주어야 한다는 억압을 받는다는 시각이 담겨 있다. 여성과 남성에게 각기 다른 성역할이 요구되는 것은 맞다. 하지만 타의에 의한 요구라고 해서 과연 이 둘을 똑같은 억압이라고 볼 수 있는가? 난 아니라고 본다.

이는 갑옷과 코르셋의 서로 다른 기능에서도 확인할 수 있다. 갑옷은 불편하긴 할지언정, 뚜렷한 기능이 있다. 위험으로부터 신체를 보호하는 것이다. 이런 장점이 불편함이라는 단점보다 훨씬 크기에 남성은 갑옷을 입었던 것일 뿐 누군가 억지로 입으라고 강요한 것이 아니다. 반면 코르셋은 여성을 위한 장점이 없다. 오직 여성을 바라보는 남성의 욕망과 시선을 위한 것일 뿐이기 때문이다. 그러므로 입는 이에게 뚜렷한 장점이 있는 갑옷과, 입는 이에게 아무런 장점이 없는 코르셋을 같은 '억압'으로 볼 수는 없다. 게다가 갑옷은 단지 조금 불편할 뿐 남성의 건강에 위해를 가하지 않는 반면 코르셋은 여성의 신체적 건강에 심각한 해악을 끼친다는 이유에서도 이를 동등한 억압이라고 보기 어렵다.

남녀의 서로 다른 성역할을 젠더라고 한다. 젠더는 가부장제 사회를 이해하는 데 중요한 이론적 틀을 제공한다. 그렇기 때문에 가부장제 사회를 변혁시킬 혁명적 가능성을 갖고 있는 반면 그 반대의 위험성도 동시에 갖고 있다. 래디컬 페미니즘은 젠더의 위험성에 주목하여 젠더보다는 성별이라는 단어를 선호하지만, 사실 젠더라는 용어 자체에 잘못은 없다. 다만 우리는 그것이 잘못 활용되는 상황들을 좀 더 정확히 지적할 필요가 있다.

젠더는 가부장제 사회의 운영 원리를 잘 설명해준다. 그러나 젠더는 어디까지나 남성 지배 체제를 합리화하기 위한 사후 정당화의 구실로 작용할 뿐, 그 자체가 남성 권력을 창출하는 원인은 아니다. 다시 말해, 남성에게 남성성이라는 성역할이 요구되고, 여성에게 여성성이라는 성역할이 요구되는 것은 맞지만,

남녀가 이를 뒤집어서 수행한다고 해서 가부장제 사회가 흔들리는 것은 아니라는 점이다.

남성이 지배자인 데는 남성이라는 '성별' 이외에 아무런 다른 이유가 없다. 남성이 갑옷을 입고, 남성성이라는 성역할을 수행한다는 것은 전부 그러한 지배 권력을 정당화하기 위한 구실일 뿐, 그 구실이 사라진다 하여 남성의 지배 권력이 사라지는 것 역시 아니다. 그러나 젠더가 사후 정당화 구실이라는 점을 이해하지 못하면 성역할을 바꿔서 수행하는 것만으로 여성이 해방되었다고 착각하게 될 수 있다.

흔히 남성이 돈을 벌어옴으로써 가정 경제에 더 많이 이바지하기 때문에 여성을 지배하게 되었다고 믿지만, 이러한 성역할이 흔들려도 남성의 권력은 그대로 유지된다. 남성이 남성성의 압박을 느끼는 것을 두고 남성 역차별이라고 부른다면, 귀족 자제가 어려운 공부를 하며 귀족 역차별을 운운하는 것과 같은 결론에 이르게 된다. 과거 계급사회에서 귀족 자제가 천민 자식들은 하지 않는 어려운 공부를 한 이유는 자신들의 품위를 유지하려는 목적 때문이었다. 그러나 그 공부를 게을리한다 해도 그들은 귀족으로 살아간다. 귀족의 자녀로 태어났기 때문이다.

지배자가 그 품위에 걸맞은 행동을 하지 않을 때, 피지배자가 좀 더 많은 고통을 받는다는 사실 외에는 크게 달라지는 것이 없다. 귀족이 귀족다운 품위를 버리고 천민들과 어울린다 하여 그것이 신분제 사회의 붕괴와 평등사회 달성을 의미하진 않듯, 남성이 남성성 수행을 포기한다 한들 그것이 곧 가부장제 붕괴와 남녀평등을 의미하진 않는다. 남성성 수행을 포기한 남성은 선한 지배자에서 악한 지배자로 변한 것일 뿐, 그의 지배자적 위치는 달라지지 않기 때문이다.

남성들이 '갑옷 입은 남자'의 고통을 말하는 것은, 여성을 지배하길 포기하고 싶다는 뜻이 아니다. 여성에 대한 지배권은 그대로 누리면서도 스스로를 가해자가 아닌 피해자에 위치시킴으로써 그 지배권에 대한 도덕적 책임은 면하고 싶다는 말에 불과하다.

그들이 진정 남성의 갑옷을 벗고 여성과 평등하고 싶다면 왜 페미니즘에 동참하지 않는가? 그렇게도 생계를 부양하는 것이 힘들다면, 왜 여성의 사회 진출을 위한 제도들에 반대하는가? 이들은 여성을 차별하는 채용 제도를 열렬히 환영하면서도 언제나 '생계 부양의 부담'을 외친다. 그러나 생계 부양의 부담은 도의적 의무일 수는 있어도, 법적 의무는 아니다. 남성이 그 의무를 수행하지 않아도 가부장의 지위에는 아무런 타격이 없다. 그것을 강제하는 그 어떤 법적 제도도 없다.

여성 외벌이 가정 역시 여성의 가사노동 시간이 남성보다 많다. 또한 여성학자 정희진의 지적에 따르면 '여성은 경제력이 없어서 맞는 것이 아니라 경제력이 있어서 맞는다.'고 한다. 정희진의 《아주 친밀한 폭력》이라는 저서에 등장하는 사례 중 약 40퍼센트의 폭력 가정에서 남성이 무직이었다고 한다. 통념과 달리 여성 외벌이, 남성 무직인 가정에서 오히려 가정 폭력이 많이 발생한다는 것이다. 남성이 여성을 지배하는 이유는 돈을 벌어오기 때문이 아니라 단지 남성이기 때문이며, 이러한 남성의 지위는 여성이 생계 부양자가 되어도 흔들리지 않는다.

가부장제 사회에서 남성은 결코 여성과 '동등한' 피해자일 수 없다. 남성이 갑옷을 입은 것은 자신의 통치를 좀 더 세련되게 하기 위한 통치술에 불과하며, 그 자체가 남성에 대한 억압이라고 볼 수는 없다. '억압'이라는 것은 자신의 운명에 대한 선택권이 자신이 아닌 타인의 손에 있는 것을 뜻한다. 그러나 남성이 갑옷 입길 원치 않는다면 그 누구도 억지로 남성에게 갑옷을 입힐 수는 없다. 갑옷을 입지 않는다 해도 그 어떠한 처벌도 없다.

그러나 여성은 다르다. 모든 남성이 여성을 때리는 것은 아니겠지만, 중요한 것은 때릴지 말지에 대한 권한을 남성이 소유하고 있다는 사실이다. 비록 지배자가 선하다 할지라도, 타인의 선의에 의존해야 하는 삶은 그 자체로 자유가 박탈된 삶이요, 고통스러운 삶이다. 자신의 운명에 대한 결정권을 자신이 쥐지 못하기 때문이다. 이것이 바로 억압받는 여성의 삶이다.

이런 이유에서 갑옷 입은 남성이 고통을 말하는 것은 여성을 위협하기 위한 시도일 뿐임이 명확히 드러난다. 그들의 말은 너희가 자꾸 이렇게 까불면, 나는 선한 지배자에서 악한 지배자로 변할 수도 있으니 알아서 하라는 협박일 뿐, 지배를 포기하겠다는 뜻이 아니다. 여성 해방은 남성 개인의 탈갑옷 운동이 아니라, 남성들이 단지 남성이라는 성별만으로 얻는 권력에 각종 제도적 제어 장치를 마련함으로써만 가능하다. 여성이 남성 개인의 선의가 아닌 제도를 신뢰할 수 있는 사회, 남성의 선의에 의존하지 않고서 삶을 자신이 원하는 바대로 꾸려갈 수 있는 사회, 그것이 바로 여성이 해방된 사회이다.

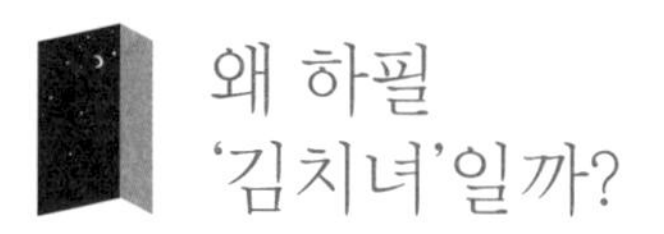

왜 하필 '김치녀'일까?

흔히 사치하는 여성을 '김치녀'라고 부른다. 그런데 김치녀를 욕하는 사람들의 말을 들어보면, 김치녀가 되기보다 김치녀가 되지 않는 게 더 어려워 보일 만큼 사치의 기준이 매우 낮음을 알 수 있다. 스타벅스에서 커피 한 잔을 사 마셔도 김치녀가 된다. 스타벅스의 아메리카노 한 잔 가격은 4100원, 매일 한 잔씩 마신다 해도 한 달에 12만 원 수준이다. 남성이 호감을 느끼는 여성에게 해보는 '김치녀 테스트'도 있다. 순댓국밥을 먹자고 제안하는 것이다. 이때 싫다고 하면 김치녀가 되고 만다.

이러니 김치녀가 되는 기준이 소비하는 금액보다는 품목, 그러니까 서구에서 수입된 것이냐, 아니냐에 따른다는 생각이 들기도 한다. 따져보면, 순댓국밥이나 스파게티나 가격 차이는 그리 크지 않다. 고급 레스토랑에 가서 먹는 것이 아닌 이상, 웬만한 레스토랑에서는 한 사람당 1만 5000원 전후로 한 끼 식사를 할 수 있다. 이때 중요한 것은 레스토랑에서는 식사부터 후식까지 한 자리에서 해결할 수 있다는 점이다. 한식당에서는 밥을 먹고 나면 카페로 자리를 옮겨서 대화를 이어나가야 하는 만큼 커피값이 추가로 나가게 되는데, 레스토랑에서는 식사와 후식을 한꺼번에 해결할 수 있으니 전체적인 지출액은 순댓국밥을 먹으나 스파게티를 먹으나 별반 차이가 없다.

그런데도 남성들이 스파게티를 좋아하는 여성을 김치녀라고 비하하는 이유는 무엇일까? 어쩌면 문제는 '사치'가 아니라, '서구 문화를 추종하는 것'에 있는지도 모른다. 스파게티, 커피 등 남성들이 김치녀의 기준으로 제시하는 소비 품목은 대개 서구에서 수입된 것들이다. 이건 단지 남성과 여성의 입맛이 달라서 그런 걸까? 아니면 정치적 입장이 달라서 그런 걸까? 나는 후자 쪽이라고 본다.

여성에게 커피와 스파게티로 대변되는 서구 문화는 구원자이자 해방자였다. 남존여비 문화 속에서 제대로 된 이름을 갖지 못한 채 언년이, 끝순이 등으로 불리던 여성들에게 제대로 된 이름을 지어주고 인간의 존엄함을 가르쳐준 사람, 그리고 여학교를 세워 여성들에게 배움의 기회를 준 사람들이 바로 서양 선교사들이었으니까.

그러나 기득권이었던 남성들에게 서구 문화가 갖는 의미는 사뭇 달랐을 것이다. 피지배층은 국가와 자신의 정체성을 일치시키지 않지만, 지배층은 국가와 자신의 정체성을 일치시키는 경향이 있다. 남성들이 조선의 멸망을 자신이 짓밟힌 것으로 인식한 이유이기도 하다. 이들에게 서양은 단지 침략자였을 뿐이며, 고분고분하던 여성들을 부추겨서 남성에게 대들게 만든 간섭자일 뿐이었다. 응당 자신과 힘을 합쳐 원수를 갚아야 할 여성들이 오히려 서구 문화를 좋다고 추종하기까지 하니, 남성들의 입장에서는 괘씸한 것이다.

여기서 의아한 점이 하나 있다. 서구 문화를 추종하는 여성들에게 왜 '김치녀'라는 멸칭을 부여했을까? 그것은 '네가 암만 서구 문화를 좋아라 해봐야 너는 어쩔 수 없는 한국인이니, 네 주제를 알아라.'라는 마음이 아니었을까? 이는 침략자에게 이를 갈면서도 자신들을 비하하는 마음이 한국 남성들에게 있다는 뜻일지 모른다. '김치'라는 한국 전통 음식 이름을 누군가를 비하하는 데 갖다 붙이는 것을 보면 말이다. 여기서 자신들의 무너진 자존감을 채우는 데 여성을 활용하려는 남성들의 태도를 엿볼 수 있다.

이런 태도는 제2차 세계대전 이후 프랑스 남성한테서도 찾아볼 수 있다. 전쟁이 끝날 즈음, 독일군에게서 해방된 프랑스 남성들은 전쟁 중에 독일 남성과 성관계한 여성들을 만인이 보는 앞에서 삭발하고 옷을 찢어 거리로 끌고 다니면서 공개적인 모욕을 주었다. 하지만 독일 여성과 성관계한 프랑스 남성이 동일한 처벌을 받았다는 기록은 없다. 여성을 남성의 소유물로 보는 한편, 국가와 남성을 일치시키는 태도를 여기서 확인할 수 있다.

호감 가는 여성에게 고백하기에 앞서 순댓국밥으로 '김치녀 테스트'를 하는 남성들은, 사실 여성에게 이렇게 묻고 싶은 것 아닐까? '남존여비'를 믿는지, 아니면 '남녀평등'을 믿는지. 아무래도 남존여비는 '남녀평등'이라는 서구 중심의 글로벌 스탠더드에 잘 안 맞는 것 같으니 그럴싸하게 꾸미기 위해 '동양 전통'을 상징적으로 내세우는 것이다. 자신은 여성을 비하하는 것이 아니라 동양의 전통적 유산을 지키고자 할 뿐이다, 라고.

그러나 그 어떤 전통도, '인권'이라는 보편적 기준에 부합하지 않는 한 정당화될 수 없다. 이는 문화의 상대성이 아닌, 인간의 존엄성이라는 보편적 윤리의 문제이기 때문이다. 그럼에도 이를 거부하고 싶어 하는 사람들이 동양의 전통문화, 문화의 상대성을 부르짖으며 이를 관철하기 위해 식민지의 피해자 경험을 내세운다. 그러나 아무리 동양이 서구 정복주의의 희생양이라 할지라도, 그것을 이유로 인간의 존엄성을 훼손하는 남존여비 문화를 정당화할 수는 없다.

김치녀를 욕하는 남성들이 두려워하는 바는, 여성들이 자신이 존엄한 인간이라는 사실을 깨닫는 것이다. 그리하여 자신들과 동등한 인권을 주장하게 될까 봐, 미리 서구의 그 어떤 것도 추종하지 말라고 서구의 모든 기호품을 소비하는 여성들을 열심히 욕하는 것이다. 이들을 보면, 학대당하는 아동을 구출하기 위해 간섭하는 이웃들에게 '남의 집 일에 신경 끄세요.' 하고 문을 닫아버리는 학대 부모의 태도가 떠오른다. 남성들이 서구 문화에 반감을 가지는 이유는 침략당한 역사 때문보다도, 서구 문화로 인해 이전처럼 마음껏 여성을 학대할 수 없게 되었기 때문이 아닐지.

가부장적인 한국 사회에서 여성이라는 사회적 약자로 살아본 내 경험에 비추어볼 때 서구 문화는 약자의 입장에서 호감 가질 만한 측면을 갖고 있다. 동양 문화가 기존 질서를 옹호하며 '덕치'에 의존한다면 서양 문화는 '권력 투쟁'을 인정하기 때문이다. 나도 한때 민족주의적 감수성에 충만한 학교 역사 교육의 영향으로 동양 문화를 좋아하던 시절이 있었다. 그러나 성인이 되어서 더 많은 사람을 만나고, 더 넓은 세상을 맞닥뜨리고 보니 '덕치'를 강조하는 동양 문화가 특히 약자에게 가혹하다는 사실을 깨닫게 되었다.

자신에게 권력이 주어지는 한 그것을 스스로 제어하는 사람은 현실 세계에 거의 존재하지 않는다. 지배자에게 선의를 기대하는 것은 고양이에게 생선을 맡기는 것과 같다. 지배자의 선의를 기대하기보다는 차라리 지배자의 권력을 제도적으로 제한하고, 약자에게 덤빌 기회를 허락하는 서구 문화가 약자의 인권을 향상하는 데 더 도움이 된다는 것도 깨달았다.

여성들이 커피와 스파게티로 대변되는 서구 문화를 거부감 없이 받아들이는 것은, 그러한 문화가 자신들에게 이익이 됨을 알고 있기 때문 아닐까. 외국의 뛰어난 문화를 받아들이는 것이 '매국'은 아니다. 오히려 매국이라는 죄책감을 주입하여 강자 친화적 문화를 유지하려 하는 남성들의 심리가 '김치녀'라는 표현으로 나타나는 것이 아닐까 싶다.

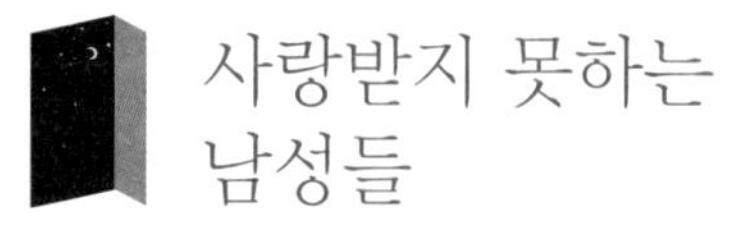

사랑받지 못하는 남성들

'남성 역차별'을 주장하는 일군의 남성들이 있다. 젊은 남성들만 그런 것이 아니다. '남성이 더 차별받는 시대'를 호소하는 남성은 사실 나이와 집단을 가리지 않고 어디에나 있다. 내 주변에도 남성이라서 더 손해를 본다고 생각하는 남성들이 많았다. 그들에게 왜 그렇게 생각하느냐고 물어보면 대개는 '여자들이 더 많이 사랑받는다.'라는 대답이 돌아왔다.

페미니스트를 자처하는 손아람 작가 역시 비슷한 이야기를 한 바 있다. 자신의 이름이 여자 같아서 종종 여자로 오해를 받는데, 자신을 여자로 오해한 한 남자가 함께 식사를 하자고 제안했다가, 식사 자리에서 자신이 여자가 아니라는 사실을 알고서 매우 실망스러워하면서 그 이후 사무적인 태도로 돌변했다고. 그러면서 손아람 작가는 이것을 남성 역차별의 사례로 제시한 바 있다.

이를 보면 남성들도 사랑받는 것에 대한 갈증이 있는 모양이다. 사실 남성들이 페미니즘에 대해 적대적인 태도를 보이는 가장 큰 이유는 이러한 사랑에 대한 갈증이 아닐까 싶다. 페미니즘에 반대하는 남성들이 진정한 남녀평등을 위해서는 꼭 남성이 먼저 고백하는 것이 아니라 남녀 중 더 많이 좋아하는 쪽이 고백해야 한다고 말하는 것을 보아서도 이를 짐작할 수 있다. 남성들도 여성에게 고백을 받고 싶은 모양이다. 사랑받고 싶은 욕구는 모든 인간이 가진 욕구로서 남성도 당연히 가질 수 있다.

하지만 이런 욕구를 충족시킬 기회가 여성에 비해 적다는 점이 과연 남성 역차별을 의미할까? 난 그렇게 생각하지 않는다. 여기서 '차별'이라는 용어를 좀 더 엄밀하게 정의해야 할 필요성이 있다. 다른 대우를 받는 것이 전부 차별은 아니다. 그러한 해석은 사회적 차별의 문제를 탈정치화할 위험이 있다.

사회적인 의미에서의 차별은, 단지 다르다는 것이 아니라 그 다름에 위계가 발생하는 것을 말한다. 가부장제 사회에서 남성들 역시 일정한 성역할과 제한이 존재한다. 그러나 이를 여성 차별과 동등한 차원에서 바라볼 수 없는 이유는, 남성의 경우 더 낮은 위치로 내려가는 것을 제한받는 반면 여성은 더 높은 위치로 올라가는 것을 제한받기 때문이다.

사람마다 가치관이 다르기에 남들이 대개 선호하는 것을 선호하지 않는 사람도 분명히 존재한다. 부잣집 아들로 태어났지만 자발적 가난을 택한 성 프란치스코도 있고, 재벌가의 후계자 자리를 마다하고 다른 일을 하는 재벌 3세도 존재한다. 그렇다고 하여 재벌가의 후계자 자리가 권력이 아니라고 말할 수는 없다. 권력이란 주관적인 행복감이 아니라 타인을 지배할 수 있는 객관적인 힘을 의미하기 때문이다. 그리고 권력에 도전하는 것을 제한받는 것이 사회적 차별이지, 그 반대의 경우를 사회적 차별이라 말할 수 없다.

남성이 사랑받지 못하는 것은 이 사회가 남성이라는 이유만으로 권력을 획득하는 성별 계급제 사회이기 때문이다. 부모는 자식을 사랑하지만 자식은 그만큼 부모를 사랑하지 않고, 부장은 부하 직원과 함께하는 술자리를 대개 즐겁다고 느끼지만 부하 직원들은 부장을 싫어하다 못해 편의점에서 부장껌을 사서 씹기까지 하는 이유와 상통한다.

인간에게는 지배욕이 있고, 타인에게 지배받는 것을 좋아할 사람은 없다. 인간은 누구나 자신보다 더 큰 권력자를 기피하게 된다. 남성이 여성에 비해 덜 선호되는 것은 이 때문이다. 남성은 여성에게는 물론, 같은 남성한테도 위협적이기 때문이다. 여성이 안전의 문제를 말할 때, 남성들은 '남자도 밤에 다니면 위험하다.'라고 말하는데, 과연 이들이 두려워하는 사람은 누구인가? 아마 여성은 아닐 것이다. 남성은 같은 남성에게도 위협이 되는 것이다. 그것이 아버지가 아들보다 딸을 사랑하고, 남성들이 같은 남성에게 친절하지 못한 이유이다. 남성이 같은 남성에게 위협이 되는 것은 그들이 소유한 권력 때문이다.

그러므로 남성이 여성만큼 사랑받지 못하는 것은 남성 역차별이 아니라 남성 기득권의 결과이다. 그러한 기득권을 스스로 원한 것이 아니라고 항변할 수도 있겠지만, 그 기득권을 덜어내고 싶다면 페미니즘에 대적할 것이 아니라 적극적으로 참여해야 한다. 남성의 기득권이 제한될 때 남성이 더 많이 사랑받을 수 있을 것이기 때문이다.

나는 사랑받는 것이 여성의 권력이라는 식의 주장에도 동의할 수 없다. 그것이 권력이라면 그만큼 자신의 삶을 선택할 수 있는 폭이 더 넓어져야 하는데, 여성이 사랑받고 싶은 대상을 골라 나를 사랑해달라고 요구할 수는 없기 때문이다. 사랑받음으로 인해 여성의 삶의 선택지는 더 제한된다.

또한 달라고 한 적 없는 사랑을 자기 마음대로 줘놓고 나중에 가서는 '내가 너를 이만큼 사랑해주었으니 너도 내가 원하는 것을 줘야 하는 것 아니냐?'라고 요구하고, 그게 관철되지 않을 때 폭력적으로 돌변하는 남성들을 많이 보았기 때문에, 나는 남성들이 정말로 사랑을 받아본다면 그것을 그리 원하지 않게 될 것이라고도 생각한다. 인간 세계에서 조건 없는 사랑은 그리 많지 않다. 현실은 로맨스 소설과 아주 많이 다르다.

남성은 사랑을 주고, 여성은 사랑을 받는다는 성역할 도식이야말로 남성들이 스스로 만든 것이다. 이러한 성역할 구분이 남성과 여성에게 동등하게 손해가 될 것이라고 나는 상상하기 어렵다. 인간이 스스로에게 손해가 되는 행동을 할 리 만무하기 때문이다. 성역할 구분을 통해 이득을 얻는 쪽은 명백히 남성이다. 그렇기 때문에 힘들다, 힘들다 말하면서도 정작 이 사회를 바꾸자고 나서는 남성은 별로 없는 것이다.

비록 가부장제로 인해 남녀 모두 불편함을 겪는다 해도 남녀에게 있어 그 이유가 각각 다르다. 남성은 권력을 지나치게 많이 소유한 것이 불편함의 이유라면 여성은 지나치게 적게 소유한 것이 문제이다. 그러므로 이를 동등하다고 할 수 없고, 또 동등한 방법으로 대처해서 해결될 일도 아니다. 남성의 고통을 해결하기 위해서는 남성의 권력을 제한해야 하고, 여성의 고통을 해결하기 위해서는 여성에게 스스로 자신의 삶을 선택할 권리가 주어져야 하기 때문이다.

법을 준수하는 것만으로도 '억압'을 느끼는 남성들

옛날에는 남성이 약한 모습을 보이는 것을 수치스러워하는 경향이 있었지만, 요즘 젊은 남성들은 자신이 약하다고 고백하기를 부끄러워하지 않는다. 나 역시 남자도 힘들다며 '남성 역차별'을 주장하는 남성을 여럿 보았고, 처음엔 이들의 주장을 귀 기울여 들었다. 나는 남성으로 살아본 적이 없으니까 혹시 내가 모르는 애로사항이 있을지도 모른다고 생각하며.

그러나 아무리 들어도, 이들이 주장하는 남성의 고통이란 '심리적 고통' 외에 딱히 없었다. 나는 남성들과 대화하며 그들이 사회의 기득권이라는 확신을 더욱 강하게 갖게 되었다. 남성이 기득권이라고 말하면 언제나 그들의 반박은 이렇다. "남자로 사는 게 그렇게 행복한 줄 알아?"

스스로가 기득권이 아니라는 근거로 '행복하지 않음'을 든다는 것 자체가 벌써 자신들이 기득권임을 방증한다. 적어도 생존의 위협은 느끼지 않고 있다는 뜻이니까. 사실 이 세상에 아무런 문제없이 사는 사람은 거의 없다. 세상 모든 것을 다 가진 사람들이라 할지라도 우울증과 같은 정신적인 문제들을 겪는다. 인간의 욕망은 끝이 없고, 인간은 언제나 발전을 추구하는 존재이기 때문이다. 그러나 그 발전에도 방향성이라는 것이 있다.

우선 기본적인 의식주가 해결되어야 보다 고차원적인 행복 추구 등의 단계로 나아갈 수 있다. 이를 매슬로우라는 학자가 욕구 5단계설로 제시한 바 있다. 인간은 1단계의 욕구가 해결되어야만 2단계로, 3단계로 계속 나아간다는 것이다.

그런데 여성이 차별을 주장할 땐, '행복하지 않다'라는 주관적 느낌이나 고차원적인 욕구를 근거로 들지 않는다. 그보다는 언제나 매우 객관적이고도 기본적인 생존의 문제를 이야기한다. 여성이 주로 주장하는 '안전의 욕구'는 매슬로우가 제시한 욕구 5단계 중에서 1단계, 즉 가장 낮은 차원의 욕구이다. 반면 남성들이 역차별을 주장할 때 호소하는 것은 대부분 '잠재적 범죄자 취급을 받으니 기분 나쁘다.'라거나 '남자는 결혼하면 ATM기 취급을 받지 않느냐?'라는, '인정의 욕구'이다. 이는 매슬로우의 욕구 5단계설에 따르면 3단계에 해당한다. 남성들이 자신의 입으로 직접 주장하는 차별이라는 것이 이렇다면, 1, 2단계의 욕구는 이미 해소된 상태라는 것을 의미한다.

세상 모든 것을 다 가진다 해도 행복하지 않은 사람도 있고, 우리나라 최고 권력자의 지위에 올랐던 노무현 전 대통령조차도 대통령이 힘들어서 '못 해 먹겠다.'라고 말한 적이 있을 만큼, 권력을 가진다 한들 반드시 행복한 것은 아니다. 그러나 권력을 가진다는 것은 우리네 인생에 좀 더 많은 선택권이 보장된다는 것을 의미한다. 그 선택지 중에 무엇을 선택해 삶을 꾸릴지는 각자의 몫이다. 그러므로 행복하지 않다는 감정을 자신이 기득권이 아니라는 근거로 내세울 수는 없다.

언젠가 남초 사이트에서 공유한 동영상을 본 적이 있다. 해당 영상에서 한 남성이 어떤 여성을 무자비하게 때리고 있었는데, 그 영상에는 '이것이야말로 진정한 남녀평등'이라는, 남성으로 추정되는 이들의 댓글이 달려 있었다. 여성이라고 봐주지 않고 똑같이 때리는 게 평등이라는 의미였다. 그 황당함에 할 말을 잃었다. 그렇다면 이들은 남성이 남성을 살해한 강서구 PC방 사건에 대해 뭐라 말할 것인가? '봐주지' 않고 죽였으니, 가해 남성은 평등의 이념을 제대로 실천한 것인가?

'타인을 때리지 않을 의무'를 고통스러운 차별과 억압으로 여기고 있다면 그것은 남성 차별이 아닌, 지나친 남성 기득권에서 비롯된 결과일 뿐이다. 자신에게 타인을 자의적으로 심판하고 처벌할 권한이 있다고 믿기 때문에, 그것이 가로막힌 상황이 괴로운 것이다. 남성에게 여성에 대한 사적 처벌권을 주면 과연 만족할까? 잠깐은 그럴지 모르겠지만, 시간이 지나면 그것에 대해서도 무덤덤해질 것이다. 인간은 익숙함을 당연함으로 받아들이게 마련이니까.

그러고 나서는 더 큰 권력을 탐하게 될 것이다. 자신보다 약한 여성을 심판하고 처벌하는 것만으로는 쾌감을 느끼지 못해 다른 남성까지 심판하고 처벌하려 할 것이며, 그러다 보면 언젠가 남성들끼리도 싸우게 될 것이다. 남성이 여성에게 기본적 인권을 보장하기까지의 과정이 실로 그러했다. 여성을 억압하다 보니 그것이 남성에게 부메랑이 되어 돌아왔음을 깨닫게 된 것이다.

가끔 가진 게 많은 사람의 삶이 더 불행해보일 때가 있다. 왜 재벌 그룹 회장은 가진 것 없는 한낱 노동자에게 맷값 폭행까지 했을까? 그것은 경제력으로도 채울 수 없는 욕구 때문이 아니었을까? '타인을 때리지 못하는 괴로움', 그것은 권력이 만든 마음의 감옥이다. 여기서 벗어나려면 더 큰 권력이 주어져야 하는 것이 아니라 타의에 의해 권력을 제한받아야 한다. 자신에게 타인을 심판하고 처벌할 권한이 없음을 인지해야만 더 이상 그 상황을 고통스럽지 않게 받아들일 수가 있는 것이다.

사회는 더불어 살아가는 곳이기 때문에, 자신의 욕구를 무한대로 충족할 수는 없다. 적절한 선을 긋지 않으면, 언젠가 자신이 폭력의 피해자가 될 수 있음을 깨달아야 한다.

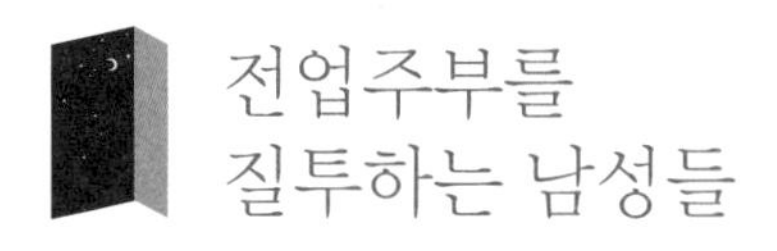

전업주부를 질투하는 남성들

최근 10여 년 사이에 남초 커뮤니티를 중심으로 '김치녀' '맘충' 등의 여성 혐오 표현이 유행하기 시작했다. IMF 외환위기 이후 어려워진 경제구조 탓에 이런 현상이 심화되었다는 데에는 대부분이 동의하겠지만, '남성이 심리적 박탈감을 여성에 대한 비난을 통해 해소하고 있다.'라는 분석은 미진한 구석이 있어 보인다. 이들은 그저 '분풀이'로 그런 행동을 하는 것이 아니다. 그보다 이들은 '생존 전략' 차원에서 이런 행동을 하고 있다.

여성을 비난하는 젊은 남성들과 많은 대화를 나눠본 결과 이들에게서 공통적으로 발견되는 사항이 있었다. 전업주부에 대한 질투심이었다. '여성은 백수여도 결혼하면 전업주부인데, 남성은 왜 여전히 백수냐?'라는 것이 이들의 불만의 핵심이었다.

결국 이들은, 자신들이 할 수 없는 전업주부라는 지위에 대한 부러움 때문에 그토록 '김치녀'와 '맘충'을 욕해댔던 것이다.

남초 커뮤니티에서 모텔비를 반반 부담하지 않는 여성을 김치녀라 욕하면서도, 여성이 모텔비를 100퍼센트 부담할 때는 남성을 김치남이라 욕하기는커녕, 오히려 여성을 개념녀라고 예찬하는 이유도 여기에 있다. 사실 이들의 본심은 여성의 경제력에 의존하고 싶다는 것이다.

이들이 이런 행동을 하게 된 이유는 IMF 외환위기 이후 양질의 일자리가 크게 줄어들고, 시장에 저질 일자리만 남거나 혹은 그마저도 남아 있지 않기 때문이다. 그러자 남성들도 '결혼을 통한 취직', 즉 '전업주부'를 꿈꾸게 된 것이다. 그런데 타고난 성별 때문에 그 길조차 막혀 있다고 느끼기에, 이 지위를 독점한 여성에 대한 질투가 생겨나게 되었다.

일본의 여성학자 우에노 지즈코의 지적에 따르면, 일본의 경우도 경제가 어려워진 이후 전업주부를 꿈꾸는 여학생이 늘어났다고 한다. 이것은 신자유주의 체제 이후 노동자에 대한 기업의 착취가 더욱 악랄해지면서, 일하기를 두려워하는 여성이 늘어났기 때문이다. 그러나 한국에서는 비슷한 이유로 전업주부를 꿈꾸는 남성 역시 늘어난 것 같다. 어쩌면 이 현상은 니트족의 등장이라는 측면에서 접근할 필요가 있는지도 모르겠다. 구직에 대한 두려움에서 비롯된 일이기 때문이다.

일본에서 아쿠타가와상을 수상한 《편의점 인간》이라는 소설 속에서도 이런 현상을 확인할 수 있다. 남성 주인공 시라하는 "나는 줄곧 복수하고 싶었어요. 여자라는 이유만으로 기생충이 되는 게 용납되는 것들한테. 나 자신이 기생충이 되어 주겠다고 줄곧 생각하고 있었죠. 나는 오기로라도 후루쿠라 씨한테 계속 붙어살 겁니다."라고 말한다. 소설 속 설정이라고 보기만은 힘든, 다분히 현실감 있는 심리 묘사이다. 한국에도 이와 비슷한 생각을 가진 남성이 늘어나고 있는 것 같다.

그러나 전업주부를 질투하고 비난하는 것은 올바른 해결책이 아니다. 이들이 전업주부에 대해 갖고 있는 이미지는 다분히 자신들의 환상에 기인한 것으로서, 실제 전업주부의 모습과는 거리가 멀다. 직업이 있는 남성이 직업이 없는 여성을 '결혼'으로 구제해주는 경우는 생각만큼 그리 많지 않다. 직업이 없는 여성이 결혼을 통해 구제받은 경우보다는, 원래 직업이 있던 여성이 결혼을 통해 그것을 잃어버리는 경우가 더 많다는 것이 진실에 가깝다. 20대 여성의 취업률은 이미 남성보다 높으나 결혼과 임신, 출산을 하게 되는 30대에 이르러 뚝 떨어진다는 통계가 이를 입증한다.

한편 남성들은 전업주부를 집에서 먹고 노는 사람쯤으로 생각하고, 그래서 이들을 질투하지만 이 또한 사실이 아니다. 대부분의 전업주부는 하루 평균 6시간 이상의 가사노동을 한다. 임신과 출산의 고통은 말할 것도 없거니와, 아이가 어린 집중 육아 기간에는 제대로 된 식사와 수면을 보장받지 못할 만큼 거의 24시간에 가까운 중노동을 한다. 그나마 한숨 돌릴 수 있게 되는 것은 아이가 어느 정도 크고 난 이후의 일이다.

아이를 유치원 혹은 초등학교에 보내고 나서 복귀할 수 있는 직장은 학력을 불문하고 마트 계산원이나 식당 아줌마와 같은 저임금 일자리뿐이다. 오죽하면 '여자의 모든 스펙은 여자라는 하나의 스펙으로 귀결된다.'라든가, '대졸 여성과 고졸 여성은 나이 마흔이 넘으면 마트 계산대 앞에서 만난다.'라는 유머가 회자될 지경일까.

평생 전업주부를 할 수 있는 여성은 남성들의 환상과는 달리 그리 많지 않다. 남편이 고임금 직종에 근무하는 일부 중산층 가정을 제외하고, 대부분의 가정에서는 아이가 조금 크고 나면 여성이 맞벌이에 나선다. 특히 경제적 계층이 낮을수록 여성의 노동 시간이 늘어나게 되는데, 이런 가정의 아이들은 방과 후 혼자 방치되어 제대로 된 돌봄이나 교육을 받지 못하는 경우가 허다하다. 서양의 기준이라면 전부 아동학대로 간주될 지경이다. 그러나 '맞벌이'를 예찬하는 젊은 남성들은 여기까지 생각하지 못한다. 그저 전업주부를 먹고 노는 사람으로 폄하하기 바쁘다.

일자리가 없는 젊은 남성들이 전업주부의 자리마저 부러워하는 것을 이해 못 할 바는 아니다. 그러나 이들이 진정 일자리 문제를 고민한다면 오히려 페미니즘에 적극적으로 동참해야 한다. 현재 한국에 일자리가 없는 커다란 이유 중 하나는 노동 시간이 지나치게 길기 때문이며, 그 주된 이유는 대부분 직장이 남성 중심적이기 때문이다. 아내 혹은 여성이 집안일을 전담하는 것을 전제하기에 남성을 늦게까지 붙잡아두고 일을 시키는 구조가 정착된 것이다.

그러므로 노동 시간을 줄이기 위해서는 여성이 사회에 더 많이 진출해야 하고, 특히 남초 직장에 여성이 더 많이 진출해야 한다. 맞벌이든 남자 외벌이든 여자 외벌이든 아직까지는 여성 쪽의 가사와 육아 부담이 큰 편이다. 이런 상황에서 많은 여성이 남초 직장에 들어간다면 남녀의 노동 시간이 함께 줄어들고 일자리는 전반적으로 더 늘어날 수 있다. 여성에게 가산점 혹은 할당을 주면서까지 여성을 남초 직업군에 배치하려 하는 것도 이런 이유 때문이다. 여성의 사회 진출이 활발한, 특히 남녀 직종 직무 분리 현상이 완화된 국가일수록 남녀의 노동 시간이 함께 준다.

그런데 한국 사회에서는 일자리가 없다고 아우성치는 젊은 남성들이 여성에게 가산점이나 할당을 주는 것에 반대한다. 그러면서 '여성이 가산점을 왜 받냐, 장애인이냐'라며 비아냥대기까지 한다. 그러나 그들의 요구대로 여성의 가산점이나 할당을 모두 없애면 어떻게 될까? 여성의 사회 진출이 어려워져 남초 직업군의 남성 노동자의 평균 노동 시간이 더 늘어날 수밖에 없고, 그렇게 되면 일자리는 더 줄어들고, 실업자 남성도 늘어나게 된다. 열심히 일하는 것이 미덕인 시대는 지나갔다. 지금과 같은 경제구조에서, 노동자의 노동 시간을 줄이지 않고서는 일자리를 창출할 수 없다.

그러므로 남성들은 여성을 향한 비난을 쏟아내지 말고, 해결책을 찾기 위해 노력해야 한다. 여성들은 아무리 불평해도 남이 자신의 문제를 대신 해결해주지 않는다는 것을 깨닫고, 스스로 해결책을 찾아서 국가와 사회에 요구하기 시작했다. 이 흐름에 동참하여 남성들이 자신의 권익을 함께 향상시킬 것인지, 아니면 그저 비토만 하면서 자신과 여성의 인권을 함께 추락시킬 것인지 남성들이 선택해야 할 순간이 왔다.

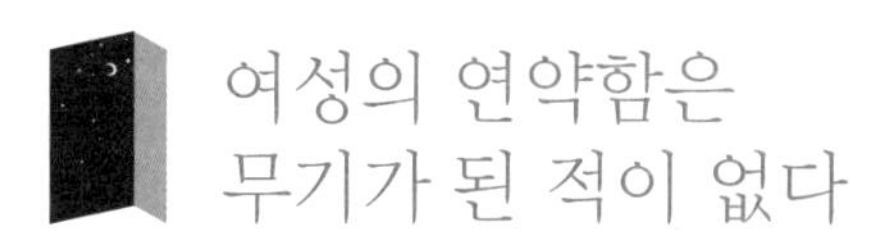

여성의 연약함은 무기가 된 적이 없다

미투 운동이 한창일 때, "남자로 태어나서 정말 죄송합니다."라는 식으로 미투 운동을 비아냥대는 댓글이 종종 달리곤 했다. 성별은 자신이 선택하는 것이 아니므로, 남자로 태어난 게 죄가 될 수 없다는 것은 그런 댓글을 작성한 남성도 잘 알았을 것이다. 그것이 죄가 될 수 없음도 잘 알고, 여성들이 그들이 남성으로 태어난 것을 비난하는 게 아니라는 점도 잘 알면서, 스스로를 부당한 혐의를 받는 피해자로 위치시키기 위해 마음에도 없는 말을 하는 것이다.

미투 운동에 남성이 감정적인 불편함을 느낄 수 있다는 점은 이해할 수 있다. 감정은 원래 합리적 이유에 따라 생겨나고 사라지는 것이 아니니까. 하다못해 한국 국가대표 축구팀이 승리하면 내가 승리한 것도 아닌데도 기쁘고, 또 한국인이 해외에

나가서 범죄를 저지르고 비난받으면 그 한국인이 잘못했다는 것을 알면서도 왠지 내가 비난받는 것처럼 불쾌한 것이 사람 마음이니까. 그러므로 불쾌한 감정이 들었다는 것만으로 그 사람을 탓할 수는 없다.

하지만 자신의 불쾌감을 이유로 피해자에게 입을 다물라고 말한다거나, 스스로를 피해자에 위치시키는 것은 잘못이다. 우리는 살면서 모든 욕구를 충족할 수 없다. 칭찬받고 싶은 게 인간의 기본적인 욕구이지만 원할 때마다 늘 칭찬을 받을 수는 없는 법이다. 칭찬받지 못해 속상한 감정과, 상대방에게 칭찬해줄 의무가 있느냐는 것은 별개의 문제이다.

그런데 유독 남성들은 자신의 감정과 상대방, 특히 여성의 잘잘못 사이의 인과관계를 잘 파악하지 못하는 듯하다. 여성으로 인해 불쾌감을 느끼면 곧바로 여성을 비난한다. 여성이 남성의 기쁨을 위해 존재한다는 사고방식 때문일까? 남성에게 기쁨을 주는 것은 여성의 의무도, 여성의 존재 목적도 아니다. 그러나 그렇게 오해하는 남성이 많은 듯하다. 오죽하면 남성의 '기분권'이라는 신조어가 탄생했을까? 남성들은 자신의 기분이 상한 것만으로도 여성을 탓한다는 것이다. 남성의 기분을 맞춰줄 의무가 여성에게 없는 것인데도.

각종 범죄 관련 기사에서 남성들의 감정 조절 능력이 약한 모습을 종종 보게 된다. 화가 난다고 하여 두 살배기 아기를 벽에 던지는 아빠, 분노를 조절하지 못해 사람을 칼로 찔러 죽이는 남성 등, 분노 범죄의 주요 가해자는 남성이다. 그래서 법원은 남성은 원래 분노 조절 능력이 약하다는 것을 감안하여 남성의 분노 범죄에 감형을 해주는 듯도 하다. 남성 범죄자가 관대한 처분을 받은 판결문에는 언제나 "격분하여" "우발적으로"와 같은 문구가 등장하니 말이다.

물론 남성이 선천적으로 분노 조절 능력을 약하게 타고난 것은 아닐 것이다. 단지 남성에게는 분노를 조절할 필요가 별로 없었던 게 아닐까 싶다. 한국 여성에게도 분노가 참 많다. 오죽하면 '화병火病'이 한국인에게만 나타나는 질병으로 미국 《정신질환 진단 및 통계 편람》에 우리말 발음 그대로, 'Hwa-Byung'으로 기록되었을까? 화병은 한국인, 특히 그중에서도 기혼 여성에게서 가장 많이 발병하는 것으로 알려져 있다.

이런 사실만 봐도 여성이 분노가 없어서 남성보다 분노 범죄를 덜 저지르는 것이 아님을 알 수 있다. 여성은 그럴 수 없기 때문에 그러지 못할 뿐이다. 화가 난다고 하여 그 화를 타인에게 풀 수 없기 때문에 여성은 다양한 분노 조절 방법을 익히게 된다. 반면 남성에게는 그런 기회가 없었던 게 아닌가 싶다. 타인에게 폭력을 저지름으로써 분노를 해소하는 게 물리적으로도 가능하거니와 사회적으로도 용인되기 때문에 남성은 분노를 여성만큼 스스로 조절할 필요가 별로 없다. 그러다 보니 쓰지 않는 근육이 자연히 퇴화하듯이, 남성의 분노 조절 능력도 점점 약해지는 게 아닌가 싶다.

통계적으로 남성이 범죄를 더 많이 저지른다는 것은 부인할 수 없는 사실이다. 교도소 수용 인원도 남성이 여성에 비해 훨씬 많다. 사법부가 유독 남성에게 가혹한 판결을 내리는 것은 아니며 오히려 그 반대의 경우가 더 많아 보이는데도 그렇다. 남성이라는 성별에 특별히 문제가 있는 것은 아닐 것이다. 다만 남성이 자라나는 환경에서 비롯된 결과일 것으로 추측해본다.

이와 관련하여 참고할 만한 심리학 실험이 있다. 스탠퍼드 교도소 실험으로도 유명한데, 1971년 미국 스탠퍼드 대학교의 필립 짐바르도 교수가 24명의 실험 참가자를 모집한 뒤 무작위로 간수와 죄수로 구분하여 모의 교도소에서 각각의 역할을 수행하도록 했다고 한다. 참가자들은 간수와 죄수의 구분이 무작위였다는 것을 모두 잘 알고 있었다. 그런데 시간이 흐르자 간수 역을 맡은 참가자들이 점점 죄수들에게 난폭해져 애초 2주로 계획된 실험이 6일 만에 끝나게 되었다고 한다. 평범한 인간에게 권력이 주어질 때 어떻게 악한 일을 저지를 수 있게 되는지 알려주는 실험 결과였다. (이 실험에 대해 심리학계의 의혹과 비판이 꾸준히 제기되고 있어 정확한 사실은 학계의 검증이 더 필요한 지점이다.)

권력이 인간을 타락시킨다는 점은 그동안 많은 정치학자들에 의해 지적되어온 사항이기도 하다. '절대 권력은 절대 부패한다.'라는 유명한 격언을 통해서도 우리가 익숙하게 들어왔던 것들이다. 대표적인 자유주의 사상가 존 스튜어트 밀은《여성의 종속》이라는 책에서, 여성이 남성에 비해 더 도덕적이라고 찬사를 받기는 하나 실속 없는 찬사라고 언급한 바 있다. 이것은 여성의 생물학적 특성이 아니라, 남녀를 불문하고 권력이 없는 자 모두에게서 관찰할 수 있는 특성이라는 것이다. 밀은 남성 노예에 대해서도 같은 말을 할 수 있다고 지적한다. 다른 사람의 통제 아래 있으면 그 주인이 명령하거나 원하는 경우가 아닌 한, 나쁜 짓을 자주 할 수가 없다는 것이다. 밀은 권력이 인간을 쉽게 타락시키며, 그렇기에 어느 정도 억제를 당하는 것이 본인의 도덕적 건강을 위해서는 더 좋다고 말하기도 한다.

많은 남성들은 억울함을 호소하며 "왜 여성은 약하다는 이유로 죄를 용서받느냐?"라고 항변하곤 한다. 이들이 말하는 용서는 사법적 용서가 아닌 도덕적 용서인 것 같다. 사법적인 측면에서 볼 때, 여성이 더 관대한 처분을 받는 것 같지는 않기 때문이다. 경기대학교 범죄 심리학과 이수정 교수는 남녀의 치정살인 사건에서 성별 이외의 다른 모든 변수를 통제했을 때도 여성의 형량이 남성의 2배였다는 연구 결과를 발표한 바 있다. 어디 치정살인뿐일까. 다른 범죄에서도 비슷한 메커니즘이 작동할 것이라고 우리는 어렵지 않게 추측할 수 있다.

그러나 약자가 범죄를 저질렀을 땐 사회적으로 동정 여론이 일어나곤 한다. 오죽했으면 그랬겠냐는 것이다. 아마도 남성들은 메갈리아와 워마드 등이 이러한 동정 여론을 받는 것이 못마땅했던 모양이다. 이들은 "왜 여자가 남자를 욕하면 페미니즘이고, 남자가 여자를 욕하면 여혐이냐?"라며 남성 역차별을 주장한다. 또 '연약함을 무기로 삼는 페미니스트'를 욕하기도 한다. 연약함이 무기가 될 수 있다는 발상이 너무나도 유토피아적이라 우습기도 하지만, 이들이 말하는 '무기'란 도덕적 명분에서의 무기가 아닐까 싶다. 사실 연약함이 무기가 되는 순간도 그다지 실익이 없는 도덕적 논쟁 상황을 제외하고는 딱히 없다. 사법 재판에서는 여성의 연약함이 오히려 가중처벌 요소가 되는 것 같으니 말이다.

여성이 태생적으로 남성보다 도덕적인 것은 아니며, 만약 여성이 권력을 갖게 된다면 범죄를 지금보다 더 많이 저지르게 될지도 모른다. 그러나 우리에게 중요한 것은 도덕성 심판이 아니다. 아직 범죄를 저지르지 않은 여성을 놓고 "너도 권력을 갖게 되면 범죄를 저지르게 될 거야."라며, 겉으로 드러나지 않은 내면의 도덕성을 미리 심판하는 것은 인간의 판단 영역이 아니라고 본다. 그런 말은 종교집회에서는 오갈 수 있을지 모르겠지만, 정치와 사회 현안을 다루는 자리에 필요한 말은 아니다.

그러나 강준만 교수가 《정치를 종교로 만든 사람들》이라는 저서에서 지적하듯 한국 정치, 특히 한국 진보의 커다란 문제점 중 하나가 바로 정치와 종교를 구분하지 못하는 태도가 아닌가 싶다. 권력이 없는 사람도 악할 수 있고, 권력이 있는 사람이라도 선할 수 있겠지만, 내면의 도덕성을 심판하는 일은 종교의 영역이지 정치의 영역이 아니다. 남녀의 권력차를 논하는 자리에서 "남자라고 다 나쁘고 여자라고 다 착하냐?"라고 반박하는 것은, 종교와 정치를 혼동하는 태도이다. 정치는 타인의 선악을 심판하기 위해서 필요한 것이 아니라, 우리 모두가 타인의 자유를 침해하지 않으면서 각자의 자유를 누리기 위해서 필요한 것이다.

약자라 하여 무조건 선한 것도 아니고, 강자라 하여 무조건 악한 것도 아니겠지만, 똑같이 악한 사람이라 하더라도 권력이 있을 때와 없을 때 타인에게 끼치는 영향력의 정도는 확연히 다르다. 권력이 없는 악한 사람은 큰 해악을 끼치기 어렵겠지만, 권력이 있는 악한 사람은 수백, 수천, 수만 명에게 해악을 끼칠 수 있다. 그렇기 때문에 더 많은 권력을 소유한 사람을 더 많이 견제하는 것이다. 상대적으로 남성이 더 많은 도덕적 비난을 받는 것은 이 사회가 남성이라는 성별에 더 많은 권력을 쥐여주는 성별 계급제 사회이기 때문이다. 또한 여성의 악함이 남성의 악함만큼 주목받거나 문제시되지 않는 것 역시 '연약함이 무기가 되기 때문'이 아니라 여성의 악함이 남성에게 끼칠 해악이 현실적으로 그리 크지 않기 때문이다.

또한 남성이 도덕적으로 더 큰 비난을 받는 것이 남성에게 가해지는 억압이나 차별이라고 할 수도 없다. 이것을 여성 혐오와 대칭되는 남성 혐오라고 해석하는 것은 잘못이다. 그것은 남성을 혐오해서가 아니라, 타인의 안전과 관련된 문제이기 때문이다. 사회적으로 남성에게는 권력이 주어져 있고, 권력이란 자신의 의사를 그대로 행동으로 옮길 수 있는 힘이기에, 남성이 악한 마음을 품게 되면 그 마음을 그대로 행동에 옮겨 타인을 위험에 처하게 할 수 있다. 이 때문에 상대적으로 권력자가 더 큰 도덕적 요구에 직면하게 된다. 타인의 생명권과 남성의 기분권이 같은 선상에서 고려된다는 것 자체가 이미 남성 혐오를 논하기엔 한참 동떨어진 사회에 우리가 살고 있다는 방증 아닐는지.

여성에게 연약하다는 이유로 도덕적 면죄부를 주면 그게 실제 남성을 대상으로 한 범죄나 차별로 이어지게 되는 것 아니냐, 하는 우려도 기우에 가깝다. 차별을 하려면 일단 그럴 수 있는 사회적 지위에 올라야 하는데, 여성에게 그럴 가능성이 상당 부분 차단된 사회이기에 아직은 지나친 우려가 아닌가 싶다. 또한 범죄 피해자의 대다수가 여성인데도 이 문제조차 해결되지 않는 상황에서 아직 일어나지도 않은 미래 범죄를 더 걱정해야 하는 이유가 무엇인지도 모르겠다. 이것이야말로 남성이 여성보다 더 보호받아 마땅하다는 차별적 사고 아닐는지.

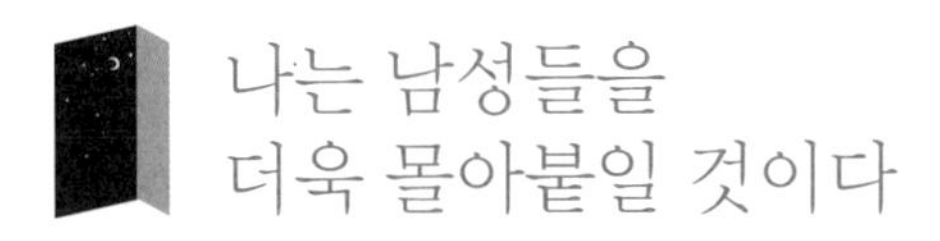

나는 남성들을 더욱 몰아붙일 것이다

많은 사람들이 페미니스트에게 말한다. 남녀가 서로 이해하고 사랑하며 사는 것이 아름다운 사회 아니냐고. 그런데 왜 페미니스트들은 자꾸 싸우려고 하냐고. 나 역시 남성 개인을 향한 악감정은 없다. 여성에게 폭력을 쓰는 남성들 또한 대부분이 가정 폭력, 학교 폭력, 혹은 기타 사회 구조적 폭력의 희생자임도 알고 있고, 고통받는 남성 또한 많음도 알고 있다.

그러나 그렇다 하여 우리 어머니 세대가 지금까지 그래 왔듯 입 다물고 인내하는 것이 해결책이라 생각하지 않을 뿐이다. 입을 다무는 것이 해답이었다면, 왜 진작 인내하던 우리 어머니 세대에 세상이 더 좋아지지 않았단 말인가? 불평등한 시대를 감내하며 이제 젊은 여성들은 서서히 깨달아가고 있다. 인내가 해결책이 아니었음을.

남성 중심 사회의 폭력은 모성이라는 반대 성역할의 전제하에 성립한다. 모성의 위안이 없이는 남성들에게도 현재의 폭력을 참고 견딜 만한 유인이 없기 때문이다. 그래서 더더욱 기득권은 현재의 폭력구조를 유지하기 위해 모성을 동원한다. 너희가 현재의 고통을 참고 견디면 그 보상으로 여성의 따뜻한 위안을 받게 될 거라고, 그렇게 남성들에게 속삭인다.

이 때문에 자석의 N극과 S극이 서로 끌어당기듯이, 남성 중심 사회의 폭력이 심화될수록 모성의 중요성 또한 더욱 강조된다. 군부대 근처에 집창촌이 생겨나고, 제2차 세계대전 당시 일본군이 '위안부'를 동원했던 것도 마찬가지이다. 이들의 명칭이 '위안부'였다는 것부터가 벌써 폭력과 모성의 밀접한 관계를 시사한다. 모성 없이는 폭력도 성립하기 어려운 것이다.

지금의 시대 역시 마찬가지이다. 신자유주의 체제 이후 전 세계적으로 경제적인 폭력이 심화되었다. 그러자 그 반작용으로 모성에 대한 강조가 시작되었다. 모성을 비하하는 '맘충' 논란이 극히 최근에 등장한 특이한 현상이라고 하는데, 심층적으로 들여다본다면 이는 특이한 현상이 아니다. 오랜 역사에서 반복되어온 현상이 다시 나타나고 있을 뿐이다.

'맘충' 현상이 의미하는 바는 모성에 대한 비하보다는, 오히려

려 모성에 대한 강조이다. 아이와 남편을 위해 커피 한 잔 사먹을 여유도 없이 끝없이 헌신만 하는 모성을 이 시대가 갈구하고 있다는 것이다. 그런 모성을 갈구하기에, 거기에 부합하지 못한 여성들을 '맘충'이라고 비하하게 된다. 어쩌면 모성에 대한 강조와 비하는 뫼비우스의 띠처럼 하나의 선상에 위치한 것인지도 모른다. 모성에 대한 과도한 기대나 신화화에서 현실 속 여성에 대한 비하가 탄생하기 때문이다.

남성들이 경제구조로 인한 상대적 박탈감을 여성에 대한 비난으로 해소하고 있다는 시각 역시 일부분은 맞지만, 전부를 설명하기에 충분하진 못하다. 보다 심층적으로 들여다본다면, 남성들은 지금의 경제적 폭력을 참고 견딜 수 있도록 여성들이 자신을 위로해주길 기대하는 것이다.

'왜 여성을 혐오하느냐?'라는 지적에 대한 남성들의 대답은 늘 '나는 여성을 사랑한다.'는 것이다. 그들의 대답은 일부 사실이기도 하다. 자신의 상상 속의 여성을 사랑하기 때문이다. 그런데 현실 속 여성이 환상과 다르기 때문에 현실 속 여성에 대한 혐오가 탄생하게 된다. 혐오와 신화화는 결국 같은 현상이다. 기대가 크면 실망도 크다고, 모성에 대한 신화화가 큰 사회일수록 실제 여성에 대한 혐오도 커진다.

그렇다면 남성들도 피해자니까 여성들은 이런 남성들을 위로해주어야 하는 것일까? 내 대답은 'NO'다. 여성의 위로가 있을 때, 남성들은 늘 체제에 안주했기 때문이다. 그리고 아무도 이의를 제기하지 않자, 남성 중심 사회의 폭력은 더욱 심화되었다. 우리 어머니 세대의 인내가 의도와는 달리 세상을 더욱 나빠지게 만든 것이다.

그래서 나는 남성들을 더욱 몰아붙이려 한다. 그들 역시 힘든 것은 알고 있지만, 나는 애써 그들을 위로하지 않으려 한다. 그들이 해답을 여성의 위안이 아닌 사회변혁에서 찾기를 바라기 때문이다. 궁지에 몰리지 않은 쥐는 고양이를 물지 않는다. 그들이 자신의 감정적 고통을 여성을 동원하여 해소할 수 없음을 깨닫게 될 때, 비로소 그들은 고통의 원인이 어디에 있는지 진지하게 생각하게 될 것이며, 그때에야 잘못된 사회구조를 인지하고 바로잡으려 나서게 될 것이다. 여성들은 이미 문제의 원인을 파악하고 나서기 시작했다. 여성에게는 자신의 감정 해소를 위해 동원할 약자가 없기 때문이다. 나는 남성의 동참을 위해, 더욱 남성들을 궁지로 몰아붙일 것이다.

2

피해자다움은 없다

혜화역 시위가 메갈리아 영향권에 있다고?

2018년 11월, 혜화역 시위•가 메갈리아 영향권에 있다고 분석한 정부 보고서가 한 언론을 통해 공개되었다. 6.13 지방선거를 앞두고 행정안전부 장관실에서 서강대 산학협력단에 '불법촬영 관련 시위 원인과 해석에 관한 연구'라는 제목으로 발주한 연구 용역 보고서였다.

우선 혜화역 시위 참여자는 전부 여성이었으며, 이들이 지적

• 2018년 5월 홍대에서 누드 크로키 수업 도중 한 여성 모델이 남성 모델의 나체 사진을 찍어 인터넷에 올렸는데, 피해자가 여성이었던 대부분의 불법 촬영 사건과 달리 이례적으로 수사가 신속하고 강경하게 이루어지자 성평등 수사를 요구하는 여성들이 혜화역에 모여 시위를 벌였다.
원래 명칭은 '불법촬영 편파수사 규탄시위'였으며, 이후 5차 집회부터는 '편파판결 불법촬영 규탄시위'로 명칭을 바꾸었다. 혜화역을 비롯하여 광화문 등지에서 총 6차례에 걸쳐 시위가 일어났으며 누적 참가 인원은 주최 측 추산 총 36만 명이다.

한 사항 역시 여성이 피해자의 대부분을 차지하는 '온라인 성범죄'였는데, 왜 주무부처인 여성가족부를 제쳐두고 행정안전부에서 이 용역을 발주했는지 의문이다. 여기서부터 이미 연구보고서의 결말이 정해져 있는 셈이었는지도 모르겠다. 주무부처인 여성가족부가 아닌 행정안전부가 나섰다는 것부터가 이미 정부의 관심사가 여성들이 지적하는 문제의 해결이 아닌 치안 유지, 즉 '시위 진화'에 있었다는 것을 방증하는 것 아닐는지. 물론 시위를 하게 된 원인이 해소되어 시위대가 자발적으로 해산한다면 이는 시위대에게나 한국 사회에나 모두 다행스러운 결말이다. 그러나 그 원인을 해소할 생각은 하지 않으면서 어떻게든 시위대를 해산시키려고만 한다면 그것은 잘못이다.

현 정부가 원하는 것이 '여성이 더 이상 시위할 필요가 없는 사회'를 만드는 것이었다면, 정부가 해야 할 일은 명확했다. 주무부처인 여성가족부의 힘을 더 키워주고, 시위 현장에 나가 여성들의 목소리를 들으려 했던 정현백 당시 여성가족부 장관과 더 적극적으로 소통하는 일이 바로 그것이다. 그러나 현 정부는 이러한 상식적인 해결책을 따르지 않았다. 그것은 정부의 관심사가 다른 데 있었음을 시사한다.

여성이, 여성만이 겪는 특수한 일에 대해 이야기하고 있는데, 정부는 그 사건에 대해 여성보다 남성의 말을 더 신뢰했다. 정부 조직 내에 여성 문제를 전담하는 부처가 있는데도, 그 부처의 장보다는 타 부처의 장을 더 신뢰했다. 그리고 여성 문제 전문가들이 포진해 있는 여대가 있는데도, 굳이 여성학과가 없는 다른 대학에 연구 용역을 발주했다. 이 모든 것을 종합하면 여성과 대화하고 싶지 않다는 결론이 도출된다.

몇 년 전부터 '맨스플레인'이라는 말이 유행하기 시작했다. '남자'라는 뜻의 'man'과 '설명하다'라는 뜻의 'explain'이라는 단어를 합해, 여성에게 자꾸 무언가를 설명하고 가르치려 드는 남성의 태도를 희화화한 말인데, 이 말이 유행한 것은 그만큼 많은 여성이 비슷한 경험을 했다는 의미이지 않을까. 나 또한 이런 남성을 지겹도록 많이 만나 보았기에, 이 단어에서 상당한 해방감을 느낄 수 있었다.

이와 관련하여 정말로 황당한 것은, '맨스플레인'이 여성 고유의 경험에 대해서도 이루어진다는 사실이다. 나는 온라인에서, '질이 아닌 요도로 생리하는 여자도 있으니, 자신이 질을 통해 생리한다고 해서 모든 여성이 그럴 것이라고 생각하지 말라.'라고 여성에게 훈수 두는 남성의 사례를 본 적이 있다. 최소한의 과학 지식도 없는 무지의 소치로 웃어넘길 수도 있겠지만, 그 남성의 태도는 자못 진지했다. 생리를 해본 적 없고, 질이라는 신체 기관을 갖고 있지 않으며, 여성과 생리에 대해 제대로 된 대화를 나눠본 적도 없는 것 같은데도, 여성의 생리에 대해 잘 안다는 듯 자신만만한 태도를 보였다. 그런 자신만만함의 근원은 대체 무엇일까?

오프라인에서도 나는 자신이 여성의 심리에 대해 잘 안다고 자부하는 남성들을 종종 만났다. 물론 이들이 하는 말은 여성인 내 경험에 비춰보아 대부분 엉터리였다. 그들이 아무리 연애 경험이 많고, 여성 지인이 많다고 한들 여성인 나보다 더 많은 여성의 경험을 공유하지는 못했을 것 같은데, 그들이 묘사하는 것과 같은 심리를 가진 여성을 나는 거의 본 적이 없다. 그런데도 그들은 내 앞에서 당당히 여성의 심리에 대해 설명하고 가르치려 들었으며, 내게 실제 여성의 심리가 어떤지에 관해 한 번도 묻지 않았다. 아마 듣지 않아도 아는 초능력이 있는 모양이다.

그들은 여성에 대해 알지도 못하고, 여성과 제대로 된 대화를 나눠본 경험도 없으면서, 자신의 지식을 왜 그토록 확신하는 것일까? 나는 반복되는 이런 경험을 통해 남성들이 여성의 말을 신뢰하지 않는다는 것을 알 수 있었다. 설사 그것이 여성의 신체가 겪는, 여성만이 알 수 있는 일이라 하더라도, 남성들은 그런 문제에 대해 여성의 말보다는 남성의 말을 더 신뢰한다. 이들은 여성에 대해서조차 더 잘 아는 사람이 여성 자신이 아닌, 남성이라고 생각하는 듯하다.

현 정부 또한 이러한 남성 문화를 여지없이 보여주었다. 여성 문제를 두고 일어난 시위에 대해서조차 관여할 수 없다면, 여성가족부의 존재 이유는 대체 무엇일까? 여성 문제가 아닌, 가족 문제에만 신경 쓰라는 뜻일까?

'불법촬영 관련 시위 원인과 해석에 관한 연구'가 만약 제대로 된 것이었다면, 혜화역 시위가 메갈리아 영향권에 있다는 결론을 내릴 수는 없었을 것이다. 온라인 여성 문화를 제대로 연구한 연구자라면 '영향권'이라는 단어를 쓸 수 없다. 메갈리아 외에도 많은 온라인 여성 커뮤니티가 있지만, 그 모든 곳에서 관찰되는 현상이 바로 누군가의 '영향권'을 벗어나려는 몸부림이기 때문이다. 메갈리아는 그 몸부림의 최전선에 있던 사이트였다.

메갈리아는 소수 네임드가 다수의 여성을 주도하는 문제를 방지하기 위해 익명제로 운영했다. 메갈리안들은 남성에 의한 여성 지배는 물론, 여성에 의한 여성 지배조차 거부하는 사람들이었고, 이러한 경향은 대부분의 온라인 여성 커뮤니티에서 조금씩 관찰된다. 다른 여성을 가르치고 자신의 뜻대로 이끌어가려는 행동은 대부분의 온라인 여성 커뮤니티에서 비판받는 행동들이며, 여성들은 이런 행동을 하지 않기 위해 스스로를 검열하고, 다른 사람들에게 주의를 준다.

그런 메갈리안들이 다른 여성들을 자신의 '영향권'하에 두었다, 혹은 다른 여성들이 이들의 '영향권'하에 있었다, 라는 분석은 현실과 동떨어져 있다. 설사 그런 부분이 있었다고 하더라도, 그것을 메갈리안들이 기뻐했을 것 같지도 않다. 이들이 추구하는 것은 명령-복종으로 이루어지는 남성 문화와 다른, 자매애에 기초한 평등한 관계였으니까.

메갈리안은 단지 남성의 몸을 가진 이들과 싸운 것이 아니었다. 이들의 싸움을 그렇게 바라보는 것은 너무나도 편협한 시각이다. 그보다 이들은 지배와 복종으로 구성된 남성 중심 문화 전반에 걸쳐 저항했고, 자신의 내면에 들어 있는 남성 문화와도 치열하게 싸웠다. 이들의 싸움은 기존의 남성 문화와는 다른, 새로운 문화를 창조하기 위함이었다. 누군가가 누군가를 자신의 '영향권'하에 두기 위해 애쓰는 것이 아니라 각자가 판단의 주체로 우뚝 서고, 평등한 가운데 자신의 의견을 말하고, 또 그것을 존중받는 새로운 문화, 그것이 메갈리안들이 추구한 문화였는데, 정부 보고서는 메갈리안의 정체성을 전혀 이해하지 못하고 있다.

사실 여성들은 그동안 자신들이 누구이고, 자신들이 원하는 것이 무엇인지 끊임없이 말했다. 그럼에도 그 말을 듣지 않은 것은 남성 중심 사회였고, 남성 중심 정부였다. 여성들이, 자신들의 입으로 직접 여러 차례 말했는데도, 무엇을 더 들을 게 남아서 남성이 수장으로 있는 행정안전부에서, 여성학과조차 없는 대학에 연구 용역을 발주했을까. 정부는 사실 듣고 싶은 말이 따로 있었던 게 아닐까? 과연 누구를 '조져야' 이 시위가 멈출 것인지 말이다.

그즈음을 전후하여 이루어진 워마드 운영자에 대한 체포 영장 발부 등 편파적인 표적 수사를 떠올려볼 때, 정부는 메갈리아의 후신 격인 워마드를 없애면 시위가 멈출 것으로 판단한 듯하다. 행정안전부는 시위 주동자 색출에 관한 연구 용역을 발주했고, 그 결과에 따라 주동자에 대한 처벌을 시도한 것이다.

여기서 나는 지독한 남성 중심 사고를 본다. 시위는 반드시 누군가 '주동'해야만 일어날 수 있고, 나머지 사람들은 휘둘리고 선동된다는 사고. 사실 수천 년간 지배-복종 관계만을 맺어온 남성들이 다른 문화를 가진 여성을 이해하기는 힘들 것이다. 그래서 대화가 필요하다. 그러나 여성들이 요청하는 대화를 계속 무시한 것은 바로 이 사회와 정부 아니던가? 어떻게 해야 시위를 멈출 건지 여성들이 분명히 말해주었는데도, 그 말을 다 무시하고 굳이 다른 사람한테 가서 방법을 물어보는 것은 대체 무슨 이유 때문인가?

그간 온라인 페미니스트들은 서열에 집착하는 남성 문화를 마음껏 비웃어왔다. 온라인 여성 커뮤니티를 하루 이틀만 관찰해봐도, 여성들 사이에서 서열을 매기려고 시도하는 여성에 대해 '그런 짓은 하등한 남자들이나 하는 거야.'라며 일침을 가하는 댓글을 손쉽게 발견할 수 있다. 그만큼 여성들은 자신들의 문화가 남성들의 문화와 달리 구성원 간의 평등을 추구한다는 데 대해 자부심을 느끼고 있는 것이다. 그런데 여성 시위가 메갈리아의 '영향권' 아래서 일어났다니, 이것이 사실이라면 여성 문화가 남성들 수준으로 퇴행했다는 소식에 죽은 메갈•이 무덤에서 뛰쳐나와 통곡할 일이다.

남성 중심 사회에 문제를 느끼고 시위에 참여하는 이들은 누군가의 영향 때문이 아니라 자발적으로 모인다. 이들은 쉽게 흔들릴 사람들이 아니다. 염산 테러 위협에도 꿋꿋이 시위에 참여했던 이들이 무엇을 더 두려워하겠는가! 하지만 나는 아직도 정부와, 그리고 사회와 소통하고 싶다. 그래서 이 글을 쓴다. 언제쯤 여성들의 목소리가 정부에, 이 사회에 닿을 수 있을까?

• 여성주의 사이트 메갈리아는 2017년에 폐쇄되었다.

미투 운동 그 이후의 한국 사회

2018년, 인기 웹소설 〈김 비서가 왜 그럴까〉가 드라마로 방영된 바 있다. 한쪽에서는 비서에 대한 성폭행 혐의로 유명 정치인이 재판을 받고 있는데, 비슷한 시기 다른 한쪽에서는 재벌 그룹 부회장과 비서의 로맨스물이 방영되고 있는 현실을 어떻게 해석해야 할까. 이는 미투 운동이 한국 사회를 그다지 변화시키지 못했다는 방증이 아닐까.

미투 운동은 가해자 몇 명을 형사처벌할 목적으로 시작된 움직임이 아니다. 형사처벌이 운동의 여러 방식 중 하나로 활용될 수는 있겠지만, 미투 운동의 목적을 형사처벌로 제한함으로써 운동의 범위를 축소해서는 안 된다. 미투 운동이 목적하는 바는, 성폭력이 일어날 수밖에 없는 사회구조의 총체적인 변혁에 있기 때문이다.

하지만 미투 운동의 전개를 보면 우려하는 바대로 점점 그 범위가 축소되어가는 듯하다. 자유한국당 나경원 의원은 비동의 간음죄 신설에 대한 법안을 발의했다. 법적인 처벌 역시 미투 운동의 여러 방법 중 하나이겠지만, 가해자 처벌 그 이상으로 나아가지 못하고 있다는 점은 안타깝다. 또한 그러한 처벌 중심의 접근 방법은 남성 집단을 소수의 뿔 달린 가해자와 다수의 선량한 남성들로 구분함으로써, 남성 중심적 구조 자체에 도전하는 것을 어렵게 만든다는 문제가 있다.

형사처벌은 '무엇이 정의인가'에 대한 심도 있는 고민과 판단보다는, 단순히 사회 집단을 다수와 소수로 나누어 수량의 문제로 접근한다는 한계가 있다. 비록 잘못된 행동이라 하더라도 사회 집단 다수가 저지르는 일이라면 다수를 처벌할 수는 없기 때문에, 불가피하게 현 사회구조를 승인하고 들어갈 수밖에 없다는 것이다. 그렇기 때문에 같은 행동을 하더라도 경중을 나눠 비교적 중한 잘못을 저지른 소수만 처벌하는 수밖에 없다.

이때 문제는, 형사처벌에서 면제된 사실이 다수에게 그릇된 도덕적 확신을 줄 수 있다는 것이다. 형사처벌을 면한 것은 도덕적으로 옳기 때문이 아니라 그가 사회 구성원 중 다수에 속해 있고, 다수를 처벌할 수는 없다는 현실적 한계 때문인데도, 처벌을 면한 당사자는 스스로 옳다는 확신하에 이전에 하던 행동을 더욱 거리낌 없이 하게 될 수 있다. 그렇기에 형사처벌 중심의 접근 방법은 사회를 바꿀 가능성이 있는 반면 현 사회구조를 더욱 고착화할 위험성도 뒤따른다.

불법촬영물 단속에 대해 이야기할 때 "그렇게 따지면 한국 남자 전부가 범죄자다."라는 남성의 항변에 직면하게 되는 것 역시 이런 접근 방법의 한계를 알게 해주는 대목이다. 형사처벌 중심으로 접근하게 되면 자신이 다수에 속해 있다는 것을 면죄부로 인식하게 될 수 있다. 그리고 다수에 속한다는 것이 면죄부가 된다면 사회는 변하지 않는다.

미투 운동을 통해 한국 사회는 "성범죄가 수직적 권력 관계 내에서 일어난다."라는 점에 대해 어느 정도 합의가 끝난 상태이다. 그러나 단지 그것만이 이유라면 비슷한 범죄가 왜 수직적 권력 관계에 놓인 남성들끼리는 잘 일어나지 않는가, 그리고 여성 상사와 남성 부하 직원 사이에서는 왜 같은 일이 잘 일어나지 않는가, 라는 질문에는 답을 주지 못한다.

성범죄는 권력 관계 내에서 일어나지만, 특히 그 권력 관계가 남성 지배-여성 종속 관계일 때 더욱 빈번하다는 특징이 있다. 그런데 이러한 경우, 대개 '가해자와 피해자가 사실은 연애 관계였다.'라는 반론이 제시되곤 한다. 이는 우리가 흔히 상상하는 남녀 간의 로맨스 형태가 남성 지배-여성 종속의 관계임을 내포한다. 그러므로 이런 질문을 던져볼 수 있을 것이다. 남성 지배-여성 종속의 관계를 성애화한 로맨스 규범이 이러한 권력형 성범죄의 근원이 아닌가?

래디컬 페미니즘의 지적은 바로 이러한 질문에 기초한다. 성범죄가 단순히 성적 착취에 권력을 이용한 소수의 문제가 아니라, 우리 모두가 공유하고 있는 로맨스 규범의 문제라는 것이다. 이는 드라마 〈김 비서가 왜 그럴까〉 속에서, 김 비서가 사적 감정 없이 업무적으로 수행한 넥타이 매주기에 대해 부회장 이영준이 '설렜다'라고 표현하는 대목에서 확인할 수 있다. 여성이 종속적 위치에서 수행하는 일이 남성을 설레게 만드는 행동이 될 수 있는 것은 남성 지배-여성 종속을 성애화한 로맨스 규범 때문인 것이다.

사회에 이러한 잘못된 로맨스 규범이 만연할 때, 남성은 여성의 거절을 '앙탈' 내지는 '밀당'으로 오해할 수 있다. 로맨스 드라마와 달리 현실 세계에서 실제로 일어나는 일들이다. 따라서 우리가 저항해야 할 것은 바로 이러한 로맨스 규범이다. 여성 참정권을 주장했던 19세기의 철학자 존 스튜어트 밀은 《여성의 종속》이라는 저서에서, 서로가 서로에게 더 배우고 발전하는 것이 이상적인 부부 관계라는 비전을 제시한 바 있다. 지배와 종속이 로맨스의 필수 전제조건이 아니라는 것이다.

그러므로 미투 운동 이후 한국 사회에 필요한 것은 남녀 관계의 재정립이다. 우리는 남성 지배-여성 종속의 틀을 벗어난 새로운 로맨스를 상상해야 하며, 아울러 남성 지배-여성 종속의 사회적 구조를 허물기 위한 여러 가지 노력을 해야 한다.

현재 한국 사회는 남성 지배 직종과 여성 지배 직종의 구분이 비교적 뚜렷한 편인데, 대개 남성 지배 직종은 고임금 혹은 보다 많은 권한을 소유하는 직종들이며, 여성 지배 직종은 저임금 혹은 보다 적은 권한을 소유하는 직종들이다. 이러한 사회적 분업 구조하에서 남성 지배-여성 종속이 자연스러운 사회질서로 인식되며, 여기에 대한 여성의 반발을 봉쇄하기 위해 이러한 구조가 성애화되는 것이다.

남성 지배-여성 종속 관계의 성애화는 남성이 일방적으로 강요한 불평등한 권력 관계를 여성도 함께 원한 'win-win'의 관계로 둔갑시키는 문화적 기제가 된다. 그리고 바로 이 맥락에서 성범죄가 발생한다. 따라서 이러한 사회적 분업 구조를 허물기 위해 여성 지배 직종에 남성을 진출시키고, 반대로 남성 지배 직종에 여성을 진출시키는 의식적인 노력을 기울일 필요가 있다. 스웨덴에서는 이미 '기존 패턴 파괴 프로젝트'라는 이름으로 이러한 의식적인 노력을 펼치고 있다.

또한 상사와 부하직원 간에 업무를 분담할 때, 부하직원 쪽에 포괄적 복종 의무를 부여하기보다는 수행해야 할 업무의 목록을 합리적으로, 그리고 세세하게 미리 정할 필요가 있다. 유독 검찰에서 성범죄 문제가 심각한 이유는, '검사동일체' 원칙을 통해 부하 검사에게 포괄적 복종 의무가 부여되기 때문이다. 이런 문화 속에서는 불합리한 성적 요구에 대한 거절이 부하 검사로서의 능력 부족으로 취급받을 수 있다. 우리는 상사와 부하 직원 사이의 업무 관계를 '포괄적 복종'이 아닌, '합리적인 업무 분담'으로 재조정해야 한다. 그렇게 된다면 그 혜택을 남성 역시도 누리게 될 것이다. 미투 운동이 한국 사회를 좀 더 합리적으로 바꾸는 계기가 되길 바란다.

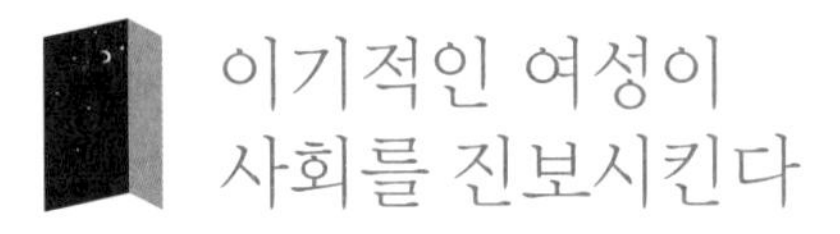

이기적인 여성이 사회를 진보시킨다

페미니즘에 반대하는 사람들은 흔히 그 논거로 '요즘 젊은 여성들이 너무 이기적이다.'라는 것을 내세운다. 그러나 젊은 여성들이 주로 주장하는 권리란 게 살해당하지 않을 권리, 성폭행당하지 않을 권리 등이라는 점을 고려해볼 때 과연 이기적이라는 말을 들을 만큼 지나친 요구인가 하는 생각을 하게 된다. 여성들이 내놓으라고 주장하는 권리들은 대부분 남성들이 구태여 요구할 필요도 없이 공기처럼 자연스레 누리고 있는 것들이기 때문이다.

남성은 굳이 달라고 주장하기 이전에 이미 갖고 있는 이와 같은 권리들을 여성이 투쟁을 통해 얻어내야 하는 현실 자체가 잘못된 것 아닌가? 또한 여성들이 살해당하지 않는다고 해서, 성폭행당하지 않는다고 해서 과연 누구의 권리를 침해하는가? 그 누구의 권리도 침해하지 않는다. 그런데도 왜 여성은 이와 같은 천부인권을 주장하는 것만으로도 이기적이라는 말을 들어야 하는가? 자신의 정당한 권리를 주장하는 것은 이기적인 것도, 나쁜 것도 아니다. 그러나 한국은 아직까지 개인주의보다는 유교적인 공동체주의가 팽배하여, 자기 자신보다도 타인과 공동체를 먼저 생각하는 것을 미덕으로 여기는 듯하다.

하지만 개인주의 없이 민주주의는 발전할 수 없다. 우리 사회는 민주주의를 헌법적 가치로 삼고 있으면서도, 사실은 민주주의의 기반이 되는 개인주의가 자리 잡지 못했다. 나는 여기에 대해 유시민 전 장관의 '외삽된 민주주의'라는 표현을 빌려 대답하고 싶다. 우리나라의 민주주의가 서구 제도만을 이식한 것에 지나지 않는다는 것이다. 우리나라의 민주화 과정은 서구의 그 어떤 나라와도 달랐다. 이를 최장집 고려대 명예교수는 '운동에 의한 민주화'라고 표현하기도 한다. 우리나라만큼 학생운동이 주도적이었던 예는 찾기 힘들다는 것이다.

그 당시의 대학생이라면 특권층에 속했다. 한국전쟁으로 전국이 폐허가 된 터라 명문대생들 중에서도 가난한 사람이 많던 시절이었지만, 그 와중에도 대학을 간 이들은 다른 사람들에 비추어보면 많은 특혜를 입은 계층이었고, 이들도 그것을 자각하고 있었다. 이들의 친구들 중 상당수가 공부를 하고 싶어 했지만 어려운 가정 형편 때문에 공장에 가야 했고, 또 이들의 학비를 대기 위해 이들의 여동생이나 누나들이 공장에 가야 했던 시절이었다. 그렇기에 이들은 타인의 희생을 바탕으로 달게 된 명문대 배지를 부끄러워하며 한강에 던져버리기도 했다고 전해진다.

평균적으로 부모보다 높은 학력을 가진 이들은 아마도 대한민국의 미래가 자신들 손에 달려 있다고 생각했던 것 같다. 이들이 민주화 운동에 적극 나섰던 것은 다분히 지식인이라는 책임감의 발로였다. 이들은 대학에서 서구 선진 문물을 배운 지식인으로서, 서구의 발전된 민주주의 체제를 한국에 이식하는 것을 자신들의 사명으로 생각한 듯하다. 그 과정에서 시민으로서의 당사자성이 희석되고, 선민의식이 생겨났던 것 같다.

이를 정치학자들은 '천상의 민주주의'라고 지적하기도 한다. 한국 사람들은 대개 민주주의를 '옳은 것'이라는 '당위'의 문제로 접근하지, 자신의 피부에 와닿는 현실의 문제로 자각하지 못한다는 것이다. 물론 학생운동에 의해 독재정권이 물러가고 직선제가 실시되면서 형식적으로나마 민주주의의 최소 요건은 갖췄지만, 지금도 여전히 민주주의라는 가치는 국민들의 삶과 심성 속에 파고들지 못하고 있는 듯하다.

이 '천상의 민주주의'와 또 연결되는 지점이 있다. 바로 '정치의 종교화'이다. 전북대 신문방송학과 강준만 교수는 《정치를 종교로 만든 사람들》이라는 저서를 통해 이를 지적하기도 했는데, 한국인들에게 여전히 민주주의란 자신의 삶과 관련된 문제라기보다는 막연한 '정의'의 개념으로 다가오고 있는 듯하다.

이런 상황에서 '강남 좌파'의 출현은 필연적이다. 강남 좌파란 부유한 기득권층이면서 진보를 주장하는 사람들에게 강준만 교수가 붙여준 말이다. 물론 강남 좌파 현상을 한국만의 현상이라고 볼 수는 없고, 사회적 발언권을 갖기 위해서는 어느 정도 부나 사회적 성공이 뒷받침되어야 한다는 점에서, 이를 잘못된 것만으로 볼 수는 없다. 강준만 교수의 말마따나 부자면서 부자를 대변하는 것보다야, 부자면서 가난한 자를 대변하는 게 조금은 더 낫지 않은가.

그렇지만 '강남 좌파'라는 신조어가 국민들에게 해방감을 준 까닭은 이들의 '내로남불' 태도를 지적했기 때문일 것이다. 자신은 자녀를 혁신학교에 보낼 용기가 없어서 못 보냈지만, 국민들은 용기를 갖고 보내시라고 주장하는 조희연 교육감, 자신은 유학까지 다녀와 민정수석의 자리에도 올랐으면서 국민들에게는 '용이 되려 하지 말고 개천의 가재와 붕어로 살라.'라고 말하는 조국 민정수석 등 한국 진보 세력의 태도는 오만하기 짝이 없다.

물론 이들이 하고자 하는 말이 무슨 말인지 전혀 이해가 안 되는 것은 아니다. '따뜻한 개천 만들기'의 필요성에 공감하지 못하는 바도 아니다. 그러나 자신들이 그 개천에 살 용기가 없으면서 어떻게 국민들에게는 그 용기를 가지라고 말하는가. 사회 지도층에게도 없는 용기가 평범한 국민들에게 있을 리가 있나.

이들이 이런 이중적인 태도를 보이는 심리 기저에는 '나는 너희와 다르다.'는 특권 의식이 자리 잡고 있지 않은가 짐작해보게 된다. 민주주의를 당사자로의 과제로 생각하기보다는 '아랫것들에게나 필요한 일'로 여기고 자신의 문제와 분리하며, 높은 곳에 있는 자신이, 민주주의 따위 주장하지 않아도 잘살 수 있는 자신이, 아랫것들을 위해 민주주의를 '하사'해주었으니, 감히 그 이상은 주장하지 말라는 태도가 아닐까. 그렇지 않고서야 이토록 내로남불이면서도 당당할 수는 없는 일이다.

하지만 민주주의는 바로 나 자신을 위해 필요한 것이다. 이들이 자신들을 '민주주의를 필요로 하는 시민'의 일원으로 생각하지 못하고, '다른 시민과 동등한 개인'으로 생각하지 못한다면, 민주주의가 타인이 아닌 바로 자신에게 어떤 이익을 가져다주는지를 생각하지 못한다면, 이들은 민주화 운동가라 불릴 자격이 없다. 자신이 스스로 만든 마음의 왕좌에서 내려오지 못하고 있기 때문이다.

정당한 권익을 주장하는 시민을 '이기적'이라고 매도한다면, 그는 자신을 다른 시민과 동등하게 여기지 못하는, 전근대적인 사고의 소유자에 불과하다. 민주주의는 자신의 정당한 권익을 주장하는 시민으로부터 출발했기 때문이다. 한국의 학생운동가들은 민주주의를 '정의'의 차원에서 접근했지만, 민주주의는 그보다도 인류 모두에게 확실한 이익을 가져다준다. 바로 '기근의 퇴치'가 그 좋은 예이다. 노벨경제학상을 수상한 아마르티아 센은 기근의 원인을 불평등한 소득 분배라고 지적하며, 민주주의는 기근의 책임을 정치 지도자에게 돌림으로써 이를 막을 수 있다고 주장한다.

서구 사회가 저토록 앞서나가는 것도 보면 국민 개개인이 자신의 정당한 권익을 주장할 수 있는 기반이 갖춰졌기 때문이 아닌가 싶다. 노동자들이 노조를 만들고 자신의 정당한 권익을 주장할 수 있기 때문에 노동자에게도 구매력이 생겨나고, 그 구매력 덕분에 기업이 만든 물건이 잘 팔리게 되는 선순환이 계속됐던 것이다. 사회적 약자의 정당한 권익은 궁극적으로는 강자에게도 이익을 가져다주며, 그것이 서구 사회의 부자들이 '노블레스 오블리주'에 나서는 이유일 것이다. 이들은 민주주의가 누구에게 어떤 이익이 되는지를 정확히 알고 있는 것이다.

그러나 국민들이 정치에 관심이 없다 못해 혐오하기까지 하는 작금의 한국 상황은 정치가 국민들의 삶으로부터 괴리되었기 때문이다. 그리고 그 책임은 자신을 '민주화의 화신'으로 여기는 진보 운동가들에게도 있다. 이들은 민주주의를 자신들의 과제로 여기지 않았기 때문에 국민들에게도 자신의 과제로 여기라고 설득할 수 없었던 것이다. 그리하여 국민들은 민주주의가 자신의 삶에 어떤 도움이 되는지 알지 못했고, 이는 극도의 정치 무관심, 그리고 서구에 비해 현저히 낮은 노조 조직률, 정당 가입률 등으로 이어졌다.

다른 서구 국가들이 근대를 지나 서서히 탈근대로 이행하고 있는 지금, 한국은 여전히 중세적 요소가 곳곳에서 발견된다. 특정 정치인을 교주와 같이 숭배하는 사람들이 존재하고, 재벌가가 직원들을 가신처럼 부린다. 한국은 지금 탈근대로의 이행보다도, 근대로의 이행을 먼저 제대로 해야 하는 단계이다. 그리고 그 시대적 과제의 이행에 앞장서고 있는 사람들이 바로 젊은 여성들이다.

이들은 민주주의를 '시대를 위한 거룩한 희생'의 관점보다는, 바로 '내 문제'로 받아들인다. 지금 한국 사회의 발전에 필요한 존재는 이러한 근대적 개인이다. 한국의 재벌 문화가 한국의 잠재력을 갉아먹고 있다는 지적이 나오는 지금, 이러한 봉건적 문화에 대항하기 위해서는 더더욱 자신의 정당한 권익을 주장할 줄 아는 근대적 개인이 필요하다. 그럴 때 정당은 더욱 국민의 삶 속에 뿌리를 내리게 될 것이고, 정치도, 경제도 함께 발전하게 될 것이다. 국민 각자의 정당한 권익이 지켜질 때만이, 서로를 존중하는 성숙한 시민 문화도 생겨날 수 있다.

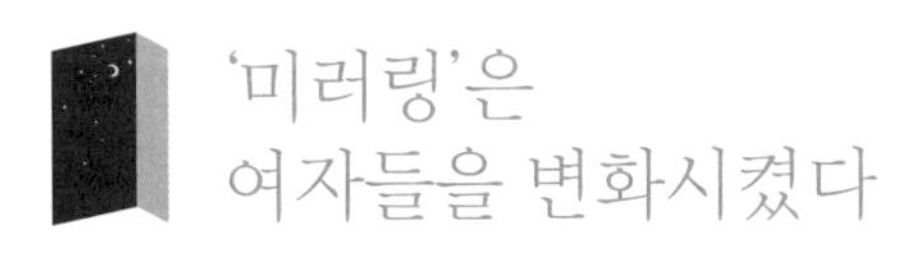

'미러링'은 여자들을 변화시켰다

'미러링Mirroring'이 과연 올바른지, 효과적인지에 대해서는 의견이 분분하다. '미러링'을 긍정하는 근거로는 주로 여혐과 남혐이 다르다는 반박이 제기되었다. 여혐은 권력자가 비권력자에 대해 행하는 혐오이기 때문에 사회적 차별과 배제의 기제로 작동할 수 있지만 남혐은 비권력자가 권력자에 대해 행하는 것이니만큼 언어유희에 그칠 뿐 현실 세계에서 영향력을 발휘할 가능성이 거의 없다는 것이다. 이 점은 그동안 꾸준히 지적되어왔던 사항이므로 여기서 더 논하지는 않겠다. 그보다도 여기서는 다른 차이점을 한번 살펴보고자 한다. 여혐과 남혐을 똑같은 혐오라고 보기에는 온라인 여성 커뮤니티와 남성 커뮤니티의 조직 원리가 너무나도 다르다.

워마드는 조금 예외적이긴 하지만, 그 밖의 대부분의 여성 커뮤니티는 상당히 폐쇄적으로 운영된다. 글을 읽고 쓰기 위해서는 여성 인증을 주민등록증까지 동원하여 까다롭게 해야 하는 곳도 있다. 나도 몇몇 온라인 여성 커뮤니티에 가입되어 있는데, 도대체 이런 절차를 거치는데도 어떻게 남성이 여성인 척 가장하고 여기 잠입할 수 있을까 놀라울 만큼 여성 인증 절차가 까다롭다.

그러나 대부분의 온라인 남성 커뮤니티들은 가입 자격을 굳이 남성으로 제한하지 않는다. 하지만 이런 사이트들이 남초 사이트라고 불리는 이유는, 이곳에서 행해지는 여혐 발언 때문에 여성들이 스스로 떠나가기 때문이다. 다시 말해, 남성들은 여성이 있든 말든 자유롭게 여성의 욕을 할 수 있지만 여성들은 그렇지 않다는 것이다. 여성의 욕을 하면서 굳이 여성의 가입을 제한하지 않는 것부터가 이미 운영자나 회원이나 여성의 존재가 자신들에게 위협이 되지 않는다는 것을 잘 알고 있다는 뜻이기도 하다. 남성들 스스로가 주장하는 '남성 역차별'이나 '남성 약자론'과는 상당히 앞뒤가 안 맞는 모습이다.

남성들은 여성의 욕을 하면서 보란 듯이 그런 게시물을 전체 공개글로 쓰는데, 왜 여성들은 남성의 욕을 자신들끼리만 할까? 여기서 남혐 발언의 목적이 남성에게 모욕감을 주려는 것이 아님을 알 수 있다. 여성들이 남성에게 모욕감을 주려는 의도로 그와 같은 말을 한다면 굳이 남성의 가입을 제한할 이유는 무엇인가? 그 글을 남성이 직접 봐야만 모욕감을 느낄 게 아닌가? 그런데도 굳이 여성들이 남성이 없는 데서 남성의 욕을 하는 이유는 자신들끼리 그것을 보기 위함이다. 왜일까? 스트레스 해소를 위해? 그런 목적도 일부 있겠지만, 그보다는 자꾸 남성의 편을 향해 기울어지려 하는 자신의 마음을 다잡기 위한 목적이 커 보인다.

비록 헌법에 남녀평등이 명시되어 있다고는 하지만, 여성이 인간으로 취급조차 받지 못하던 시절에 조성된 여러 문화, 그리고 결혼과 같은 관습이 여전히 유지되고 있고, 대부분의 사람들은 이러한 문화와 관습을 별 거부감 없이 받아들이고 있다. 온라인만 벗어나면 온 세계가 여성 혐오 세계라는 것이다. 사람은 누구나 다수에 속하고 싶은 욕구가 있게 마련이고, 자신의 생각이 다수와 다를 땐 흔들리게 마련이다.

인류는 오랫동안 가부장제를 유지해왔고, 따라서 남성의 입장에서 생각하는 일에 익숙하다. 남성은 물론 여성에게조차도, 여성의 입장에서 생각해보는 일은 매우 생소한 경험이다. 그렇기 때문에 남성이 이와 같은 일을 하기 위해서는 무척이나 큰 노력이 필요하며, 여성 역시도 여성의 입장을 생각하면서 '정말 내가 맞는 걸까?' 하고 끊임없이 스스로를 의심하고 흔들리게 된다.

네이트판이나 미즈넷 등 여성이 많이 모이기로 유명한 사이트들에는 "제가 나쁜 걸까요?" "제가 이기적인 걸까요?" 하고 묻는 여성들의 글이 너무나도 많다. 남자친구가, 남편이 자신을 무시하는 말이나 행동을 했는데도 거기에 대해 반격을 하기는 커녕, 인터넷에 와서 "기분 나빠 하는 제가 이기적인 걸까요?" 하고 묻는다. 여성의 입장에서 생각하는 일은 여성 역시도 익숙하지 않다는 것이다.

여성 공동체에서 이루어지는 남성 혐오 발언은 바로 이러한 맥락에서 이해해볼 수 있다. 사실 이를 혐오 발언이라고 말하는 것도 적절치는 못하다. 혐오란 권력자가 비권력자를 배제할 때 쓰는 말인데, 여성은 남성을 배제할 권력이 없기 때문이다. 그러나 일단 혐오를 폭넓게 그저 '모욕 발언' 정도로 정의해본다면, 여성이 남성 혐오 발언을 할 때 가정된 청자는 남성이 아닌 여성 스스로이다. 왜 그럴까?

그것은 자꾸만 스스로의 경험과 감정을 무시하고 남성의 경험과 감정을 긍정하려 하는 스스로를 다잡기 위함이다. 많은 여성이 스스로의 경험과 감정을 무시하면서까지 남성의 편에 서기 위해 애쓴다. 그것이 익숙하기 때문이다. 이것은 페미니스트라 해도 다르지 않다. 페미니스트라 해서 가부장제 사회가 아닌 다른 사회에 살고 있는 것이 아니기 때문이다. 겉보기엔 페미니스트들이 당당히 자신의 권익을 주장하는 듯 보여도 실은 그 내면은 혼란과 갈등, 죄책감으로 가득하다. 익숙함을 거부하기 때문에 그렇다. 그래서 여성들은 그것을 극복하기 위해서 스스로를 향해 남성 비하 발언을 하는 것이다. 남성의 편에 서서 남성의 입장에서 생각하는 것을 멈추라고, 스스로와 다른 여성에게 브레이크를 거는 것이다.

익숙함을 벗어나 다른 세계를 추구하는 사람들의 노력을 '똑같은 혐오'라거나 '의미 없는 감정 배설'로 취급하는 것은 너무나 피상적인 분석이다. 이를 단순히 남성 사회를 변화시키기 위한 '미러링'으로만 해석하는 것도 피상적이기는 마찬가지다. 여성들은 애초에 '미러링'을 통해 남성들이 반성할 것이라고 기대하지도 않았다. 그 정도로 남성에 대한 기대감이 남아 있다면 페미니스트가 되지 않았을 것이다. '미러링'이 효과적인 수단이냐 아니냐에 대한 논쟁이 무의미한 것은 이 때문이다.

'미러링'은 남성 집단보다는 여성 집단을 향해서 행해지는 측면이 더 크다. 스스로가 여성임에도, 얼마나 남성의 편에 서서 남성의 입장에서만 생각해왔는지 돌아보자는 차원에서 말이다. 그리고 남성들이 미러링을 두려워하는 것은 바로 이 때문이다. 사실 온라인에서의 욕은 큰 타격감이 없다. 남성들도 그것을 알고 있을 것이다. 하지만 큰 타격감도 없는 미러링에 남성들이 발작적인 반응을 보이는 이유는 그것이 여성을 변화시키기 때문이다. 그 점에서 미러링은 혁명적 가능성을 내포하고 있다.

여기서 또 한 가지 살펴볼 차이점은, 여성 커뮤니티에 잠입한 남성들의 행동과 남성 커뮤니티에 잠입한 여성들의 행동이다. 여성 커뮤니티에 잠입한 남성들은 여자인 척 글을 쓴다. "저도 여자이지만, 이런 여성들은 너무 이기적인 것 같아요. 요새 남자들도 힘든데 말이죠." 하는 식이다. 그리고 은근슬쩍 페미니스트를 비난하는 기사들을 갖고 와서 링크를 건다. 보통은 다수에 소수가 휩쓸리게 마련인데, 이 남성들은 여성 커뮤니티에 잠입한 소수이면서도 흔들리지 않는다. 왜일까? 이 공간만 벗어나면 온 세계가 남성의 편이라는 것을 잘 알기 때문이다. 그렇기에 이들의 멘털은 아무리 다수의 여성에게 공격받아도 털리지 않는다. 이들이 이렇게까지 하는 이유는 여성들을 더 고분고분한 존재로 만들기 위해서이다. 이들은 여성을 교육하기 위해 여성 커뮤니티에 잠입한다는 것이다.

그러나 남성 커뮤니티에 잠입하는 여성들은 남성을 향해 이러한 교육을 시도하지 않는다. 어차피 그게 안 될 것을 알고 있기 때문이다. 같은 여성들을 페미니스트로 만드는 것도 힘든 마당에 어떻게 그 사고에 깊이 물든 데다 그게 자신들의 이익과

결부되기까지 하는 남성들을 소수의 여성이 남성 커뮤니티에 잠입해서 설득하고 바꿔놓을 수 있단 말인가? 그게 불가능할 것은 너무도 분명해서 여성들은 이를 시도하지 않는다.

잠입한 여성들은 조용히 여성이 아닌 척하면서 사이트를 이용하거나, 혹은 그 공간에서 벌어지는 남성들의 범죄 행위를 지켜보다 경찰에 신고한다. 메갈리아가 여성에 대한 강간 모의 사이트 소라넷에 잠입하여 했던 일이 바로 이러한 일이었다. 여성들은 남성을 교육하거나 교화하려 시도하지 않는다. 다만 혹시 있을지 모를 여성 피해자를 구해내기 위해 잠입하여 이들을 관찰하고 경찰에 신고한 것이다. 타인을 지배하려 하는 남성들의 행동과, 이들의 지배를 벗어나려 하는 여성들의 행동이 똑같은 '혐오'로 취급받는다는 게, 이 사회의 지독한 남성 중심성을 깨닫게 한다.

여성이 자신의 마음속에 침입한 지배자를 쫓아내려 투쟁하는데, '혐오에 혐오로 대응해선 안 된다.'라고 응수하는 것은 이 싸움의 본질을 전혀 이해하지 못한 주장이라고 할 수 있다. '미러링'에 남성들이 얼마나 공감하고 반성하는가는 중요한 문제가 아니다. '미러링'의 효과는 오히려 다른 데서 나타났다. 여성들이 점점 '자신이 얼마나 남성에게 편향적이었는가'를 깨닫게 되었고, 그렇게 싸움에 참여하는 여성들이 점점 더 늘어난 것이다. 페미니스트 진영의 수가 늘어났다는 게 무엇보다 '미러링'의 가장 커다란 효과이다. 그러나 '미러링'은 수단일 뿐, 목적은 아니다. 모여든 여성들과 함께 무엇을 할지가 앞으로 놓인 과제이다.

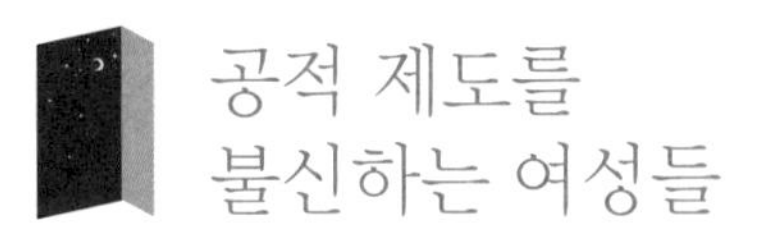

공적 제도를 불신하는 여성들

페미니즘에 반대하는 남성들은 워마드를 마치 페미니즘의 대명사처럼 활용한다. 누군가가 페미니즘을 지지한다고 하면, 워마드에 올라온 글이나 거기에 대해 비판적인 기사를 보여주며 '한국 페미니즘은 이렇게 변질되었다.'라고 훈계하는 식이다. 하지만 워마드는 페미니즘의 대명사가 아닐 뿐더러, 자신들끼리 통일된 견해를 가지고 있는 것도 아니다. 압도적으로 높은 남자 범죄자 성비를 보고서도 그저 '개인의 문제'라고 일축하던 남성들이, 왜 워마드에 대해서는 같은 잣대를 들이대지 못하는지 의문이다.

혹자는 차라리 일베는 아무런 명분이 없어 '쓰레기 취급'이라도 받고 있지만, 워마드는 페미니즘이라는 정당성을 갖고 있어서 더 위험하다고도 말한다. 그러나 설사 페미니즘을 지지하는 개인이 여성우월주의적인 사고를 갖고 있다손 치더라도, 그것이 페미니즘의 정당성을 훼손하는 것은 아니다. 최순실이 민주주의를 외친다고 해서 민주주의 그 자체가 잘못되었다고 말할 사람은 아무도 없지 않은가? 민주주의는 범죄자든 누구든 외칠 수 있는 원칙이다.

그러나 왜 페미니즘에는 자격을 따지는가? 만약 이들이 '여성우월주의 사회 건설'이라는 지나친 요구를 한다면, 지나친 부분만 덜어내고 합리적인 의견만 수용하면 그뿐이다. 워마드는 공적 위치에 있는 책임자도 아니며, 워마드가 말한다 해서 그게 바로 법안으로 만들어지고 실현되는 것도 아니다. 다소 지나친 요구라 할지라도 직접적으로 타인에게 해를 끼치는 게 아닌 한, 본인이 어떤 사고를 갖고 살든지 그건 개인의 자유이다.

그 어떤 사회운동에서도 점잖고 수용 가능한 요구사항만 나오지는 않는다. 더구나 운동에는 여러 사람이 참여하기 때문에 일각에서는 다소 지나친 요구를 하는 사람도 나오게 마련이며, 이해당사자 입장에서는 협상 테이블에서 조금이라도 유리한 위치에 서기 위해 받아들여지지 않을 것을 빤히 알면서도 다소 지나친 요구를 하기도 한다. 어차피 자신이 일방적으로 결정하는 게 아니라 여러 사람과 조정을 거쳐서 국가가 결정한다는 것을 알기 때문이다.

그런데 워마드를 비난하는 사람들은 마치 워마드를 정치인 취급하는 듯하다. 연령대도 낮은 것으로 추정되는 익명의 개인의 온라인상 발언이 마치 그대로 법안으로 옮겨지기라도 하는 듯, 정치인에게나 할 법한 수준의 윤리 검증을 시도한다. 정치인이 그와 같은 사상을 갖고 있다면 문제가 될 수 있다. 그것은 정치인이 자신의 생각을 그대로 현실화시켜 다른 사람들의 삶에 영향을 끼칠 수 있기 때문이다.

그러나 워마드에게는 그만한 정치적 권한이 없다. 워마드 회원이 아무리 여성우월주의를 외친다 한들 그건 본인의 사상 피력에 끝날 뿐 실제 그런 사회의 건설로 이어져 남성이 억압을 받게 될 가능성은 0퍼센트에 가깝다는 뜻이다. 이해 당사자들이 다소 지나친 요구를 하더라도, 다양한 이해 당사자들과 대화해 보고 그 요구사항을 합리적 수준으로 조정하여 제도화하는 것이 국가, 공적 영역의 책임이다.

그런데도 익명의 네티즌의 발언을 정치인의 발언처럼 엄격한 기준으로 심사한다는 것은 공적 제도가 그 역할을 제대로 하지 못하고 있다는 방증이 아닐는지. 공적 영역이 제 역할을 하지 못하고 있는 것에 더해, 언론들은 그러한 공적 영역의 책임을 익명의 여성 개인에게 떠넘기고 있기까지 하다.

노무현 전 대통령은 사고방식이 가부장적이다 못해 아내에게 손찌검을 하는 등 실질적으로 위해까지 가했으며, 이후 이를 후회하는 듯 자서전에 적기는 하였으나 피해자인 아내에게 진솔한 사과조차 제대로 한 적이 없어 보인다. 폭력은 명백한 범죄 행위이다. 그러나 전직 대통령의 범죄 행위는 이렇듯 피해자가 그 아내이기만 하다면 '사소한 개인적 결함' 정도로만 치부될 뿐 그의 명예나 정치적 입지를 깎아내리지 못하는데, 워마드가 온라인에 쓴 글 몇 개가 전직 대통령의 행동보다 더 철저히 검열된다는 사실이 놀라울 뿐이다. 누가 보면 워마드가 대한민국 대통령인 줄 알겠다. 권한이나 주고서 책임을 묻던지.

익명의 네티즌들에게 이토록 철저하게 정치적 책임을 물어야 할 정도라면 대한민국의 공적 영역은 이미 거의 무너진 상태라고 봐야 하지 않을지. 실제로 범죄 프로파일러 배상훈은 대한민국이 내전 중인 국가를 제외하고 성범죄 3위 안에 든다고 방송에서 말한 바 있다. 그토록 자랑하는 대한민국의 치안 수준도 여성 앞에서만큼은 거의 국가 기능이 마비된 내전 국가나 다를 바 없다는 것이다.

굳이 이런 통계 자료를 들이밀지 않아도 여성의 생존 감각은 이미 몸으로 이것을 느끼고 있었다. 그래서 워마드건 아니건 온라인 여성 커뮤니티에서 '여성에게 국가란 없다.'라고 말하는 것이다. 국가의 기능이 마비된 내전 국가든, 잘 정비된 문명국가든 여성 앞에서는 어차피 다 똑같은 기능 부전이라는 사실을 이미 여성들은 몸으로 겪고, 또 받아들이고 있다.

워마드의 과격한 남성 비하 발언에서 나는 이들이 얼마나 국가에 대한 신뢰를 저버렸는지를 보게 된다. 남성 우월주의적 사고를 가진 남성들조차도 남 앞에서는 스스로를 평등주의자로 내세우기 위해 이퀄리즘이니 뭐니 신조어를 만들어대는 마당에, '페미니즘'이라는 명분 있는 가치를 추구하는 여성들이 이미지 관리조차 하지 않는다. 이것은 이들이 이미 '제도를 통한 해결'에 일찌감치 기대를 버리고 자력 구제에 나섰음을 의미한다.

이들이 자신들의 문제를 제도를 통해 해결할 수 있다는 기대감이 있었다면, 설사 내면적으로는 여성 우월주의적 가치관을 갖고 있다 할지라도 대외적으로는 그런 자신을 철저히 숨기고 '평등주의자'로 스스로를 포장했을 것이다. 그러나 이들은 그런 위선조차 떨지 않는다. 그렇게 스스로의 명분을 깎아내리는 자체가, 이미 뭐라 말한들 이 사회가 자신들을 도와주지 않을 것이라는 깊은 절망과 체념에서 나온 행동 아닐는지.

이들은 더 이상 제도를 신뢰하지도 않고, 누군가에게 우리 목소리 들어달라고 외치지도 않는다. 그들이 하는 말은 언제나 남에게 들어달라고 하는 말이 아니라 자신에게, 그리고 다른 여성에게 하는 말이다. '이젠 남자에게서 도망쳐야만 살 수 있다.'

고. 그리고 이들은 남자 미워하기를 생존의 도구로 선택했다. 남자를 미워해야 그의 연인이 되지 않고, 그의 아내가 되지 않을 수 있을 테니까. 또한 가급적 남자와 아무 관계도 맺지 않는 것이 자신의 생존에 가장 유리하니까.

이런 행동이 기우에서 비롯되었다고 말할 수는 없다. 한 해에 살해당하는 여성 중 절반이 현재 혹은 이전 파트너에 의해 살해당한다는 통계 결과가 있다. 남자만 보이콧해도 죽을 확률이 절반으로 줄어든다. 게다가 하인리히 법칙에 따르면 산업재해에서 1명의 중상자가 나오면 그 전에 같은 원인으로 발생한 경상자가 29명, 같은 이유로 부상을 당할 뻔한 잠재적 부상자가 300명이라고 한다. 그만큼 사고는 어느 날 갑자기 터지는 게 아니라는 말이다.

한국은 유럽에 비해 산업재해 발생 건수는 낮지만, 산업재해 사망자 수는 현저히 높다. 단순히 통계만 보자면, 한국에서는 산업재해가 잘 일어나지 않지만, 한번 일어나면 사망에 이를 만큼 심각한 사고들만 일어난다는 뜻이다. 그러나 이는 논리적으로 말이 되지 않는다. 한국에서 산업재해 사망자 수가 많다면, 그만큼 가벼운 사고도 더 많이 일어난다고 보는 것이 합리적이다. 그래서 많은 노동 전문가들은 이를 한국에서 많은 산업재해 사고가 은폐되고 있다는 뜻으로 해석한다. 산재 피해자가 살아

남은 경우에는 그 피해자의 입을 막음으로써 은폐할 방법이 있지만, 사망은 은폐할 수가 없기 때문이다.

여성 대상 범죄에도 비슷한 논리를 적용해볼 수 있다. 젊은 남성들은 한국이 치안 1위라고 자위하지만, 이는 거꾸로 많은 여성 대상 범죄가 은폐되고 있다는 신호일 수도 있다. 정말 한국이 치안 상태가 좋다면, 특히 여성에 대해 더욱 그러하다면 여성 살해 비율이 여타 국가에 비해 낮아야 하는데 그렇지 않기 때문이다. 여성들은 자신들이 죽지 않는 한 자신이 입은 피해 경험이 은폐될 것을 알기에 두려워하고 있으며, 한국이 치안 1위라는 한국 남성들의 말도 불안감을 가라앉히기는커녕 더욱 부채질할 뿐이다.

결국 여성들이 '남자 보이콧'만이 자신과 다른 여성의 생존을 담보하기에 가장 유리한 방법이라고 판단한 상황에서 자신의 책임을 방기한 국가가, 제도가, 그리고 그에 협력하는 남성들이 함부로 말할 자격이 있는가? 워마드는 한국 사회에 말한다. "이젠 내가 나를 지켜야겠다."라고.

자신을 지켜줄 사람이 자신밖에 없음을 깨닫게 된 사람들 앞에서, '페미니즘이 성공하기 위해서는 명분을 지켜야 한다.'라는 조언은 그저 딴 세상 이야기로 들릴 뿐이다. 지금 워마드를 하는 이들은 페미니즘의 성공이고 뭐고 간에 일단 살아남는 게

급하다. '제도를 통한 해결'을 기대할 만큼 여유로운 사람들의 시각으로 밑바닥 계층의 삶을 이해할 수는 없다. 그런 건 그저 한가한 소리로나 들릴 뿐이고, 그런 소리를 아무리 해본들 세상이 변하지도, 워마드가 변하지도 않는다. 언론은 워마드를 욕하기 이전에 이들이 이렇게 되도록 대체 사회가 뭘 했는지 더 따져 묻길 바란다.

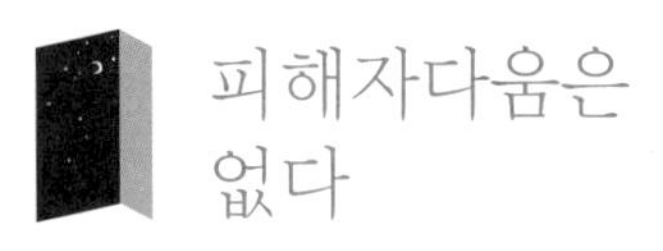

피해자다움은 없다

최근 바른미래당의 이준석, 하태경 의원이 2019년을 워마드 종말의 해로 만들겠다고 선언했다. 일베가 워마드보다 훨씬 규모가 크고 오래되었으며 게시판에 올라오는 음란물의 수위가 훨씬 높은데도 한 번도 일베를 폐쇄하자는 주장을 해본 적 없는 이들이 이제 와서 워마드와의 전쟁을 선포하는 것은 쉽게 납득되지 않는다.

게다가 여성을 향한 실제 범죄가 수없이 행해졌던 소라넷 사태 때조차 소라넷을 폐쇄하기 위한 그 어떤 노력도 기울인 적 없는 이들이다. 소라넷 폐쇄는 온전히 이해 당사자였던 여성들의 자발적인 움직임의 결과였다. 그뿐인가. 헤어지자는 여자친구에게 염산을 뿌리는 범죄가 기승을 부릴 때조차도 정치권은 아무런 움직임을 보인 적이 없다. 결국 스스로 나서 고농도 염산의 판매를 금지시킨 이들 역시 이해 당사자였던 젊은 여성들이었다.

공권력이 나서야 할 순간에 침묵했던 이들이 이제 와서 무슨 자격으로 워마드 폐쇄를 논하는가. 일각에서는 일베나 워마드나 똑같다고 하지만, 굳이 '기울어진 운동장'을 거론하지 않더라도, 일베와 워마드는 혐오 표현의 빈도와 그 수위, 그리고 회원 수에서 현격한 차이가 난다. 그런데도 일베의 일방적인 여성 공격이 행해질 때는 가만히 있던 이들이, 워마드에는 거품 물고 폐쇄하자고 달려드는 이유가 무엇일까?

그것은 워마드가 '피해자다움'이라는 금기를 외면했기 때문일 것이다. 그간 여성을 대상으로 한 각종 범죄가 벌어질 때, 비록 제대로 된 처벌은 없었지만 그래도 여성을 향한 약간의 동정 여론은 존재했다. 대부분의 여성이 일명 도덕 코르셋(여성에게만 요구되는 엄격한 도덕 잣대)을 꽉 조인 상태였기 때문이다. 그동안 여성 피해자들은 대개 불쌍해보였고, 그래서 동정 여론을 얻을 수 있었다. 그러나 워마드는 그조차 'No thank you.'라고 외치기 시작한 것이다.

이들이 그런 생각을 하게 된 과정을 듣고 보면 나름의 일리가 있다. 인권은 모든 사람이 태어날 때부터 갖고 태어나는 것이지, 누가 누구에게 '하사'해줄 수 있는 것이 아니다. 그러나 그동안 여성 인권을 대하는 사회의 태도는 어땠는가? 마치 본래 여성의 것이었던 인권을 자신들이 '하사'해주는 자세로 접근하지 않았는가? '네가 내 마음에 드는 행동을 하지 않으면 주지 않겠다.'라고.

타인에게 불쌍해보여야 하는 것은 여성의 의무가 아니다. 여성이 타인의 마음에 드는 행동을 해야 할 의무 또한 없다. 누군가에게 다른 누군가를 반드시 좋아해야 할 의무 따위가 없듯이, 다른 누군가에게도 누군가의 마음에 들어야만 할 이유는 없다. 그런데도 그간 그 의무를 다하지 않은 여성은 자신의 인권을 온전히 누릴 수 없었다. 남성에게는 주어지지 않는, '타인에게 연민 혹은 호감을 사야 할 의무'가 여성에게는 늘 추가된 상태였다는 것이다. 그 의무를 지키지 않은 여성에게는 '범죄 피해의 순간에도 구제받을 수 없다.'라는 처벌이 뒤따랐다. 이제 여성들은 이조차 차별이라고 인식하기 시작한 것이다.

우리 속담에, '줄 땐 앉아서 주고, 받을 땐 서서 받는다.'라는 말이 있다. 그만큼 자신의 정당한 권리라 할지라도 일단 그것이 타인의 손에 들어가고 나면, 타인에게 부탁을 해야만 하는 입장이 된다는 것이다. 마치 여성들의 입장이 이와 같다. 분명 인권은 본래 여성 자신의 것이었음에도, 일단 그것이 남성들에 의해 강탈되고 난 다음에는, 그것을 돌려받기 위해 남성에게 부탁을 해야만 하는 처지가 되었다. 워마드가 피해자다움의 금기를 깨려 하는 이유가 여기에 있다. 여성 인권은 본래 여성 자신에게 속한 것임을 주장하려는 것이다.

인권에 조건이 붙는다면 그것은 진정한 인권이 아니다. 워마드가 정말 정치권에서 폐쇄를 진지하게 논할 만큼 극악무도하고, 심각한 사회문제를 일으키는 집단인가? 그렇지 않다. 정말 그렇다면, 국회의원이 나서서 폐쇄를 거론하기보다는 경찰이나 검찰이 움직였을 것이다. 그럼에도 국회의원이 나서서 폐쇄하네 마네 언론플레이를 한다는 것은, 워마드를 폐쇄할 아무런 법적 근거가 없단 뜻이며, 이는 역설적으로 워마드가 그렇게 사회문제를 일으키는 집단이 아니라는 것을 보여준다.

워마드의 죄목은 '피해자다움'이라는 문화적 금기를 위반했다는 것뿐이다. 자신들의 인권을 돌려달라고 납작 엎드리지 않았다는 것이다. 그러나 여성들에게는 자신들의 인권을 남성에게 구걸해야 할 이유가 없을 뿐 아니라, 남성들 역시 그것을 마치 자신들이 여성에게 '하사'해주듯 거들먹거릴 권리가 없다.

남성들이 화난 이유는 바로 그것이다. 이전까지는, 당연히 여성의 것이었던 것을 여성에게 돌려주는 것만으로도 충분히 거들먹거릴 수 있었는데, 그리고 여차하면 원래 여성의 것이었던 그것을 여성에게 주지 않겠다는 협박을 통해, 여성의 자유를 제

약하고 고분고분하게 만들 수 있었는데, 그걸 할 수 없게 되어서 화가 났다는 것이다.

그러나 인권은 교도소에 있는 범죄자도 누리는 것이다. 인권에 조건이 붙을 수 없다. 더군다나 그 '조건'이라는 것이 '타인에게 피해를 끼치지 않을 의무'와 같이 소극적인 수준이 아니라, '타인의 호감을 사야 할 의무'라는 매우 적극적이고도 고난도의 것일 때는 더더욱 그러하다.

혹자는 페미니스트들에게 말한다. 온 세상 남자들이 다 그리 나쁜 게 아니라고. 나 역시 그 사실을 알고 있다. 그러나 자신의 인권을 보장받기 위해 타인의 호의에 의존해야 한다면, 그것이 바로 종속이다. 자신의 삶이 자기 자신의 의사가 아닌, 다른 이의 의사에 달려 있는 사람의 삶은 자유롭지도, 행복하지도 못하다. 사람이 알 수 있고 통제할 수 있는 것은 오직 자기 자신의 마음뿐, 타인의 마음이 아니기 때문이다. 자신이 통제할 수 없는 상황에 놓이는 것 자체가 자유의 제약이요, 고통이다.

온 세상 남자들이 다 그리 나쁜 게 아니라는 말 자체가, 여성의 인권은 좋은 남성을 만날 때만이 지켜질 수 있으며, 여성의 운명을 결정할 권리가 남성의 손에 있다는 뜻을 내포한다. 이러한 관계는 불평등하다. 여성 해방은 착한 남성을 만남으로써 오는 것이 아니라, 어떤 남성을 만나든 여성의 권리가 지켜질 수 있는 제도적 기반을 만듦으로써 오는 것이다. 그리하여 여성들이 남성의 호의를 구걸하지 않고도 자신의 자유와 권리를 보장받을 수 있을 때, 여성이 자신의 운명을 스스로 결정할 수 있을 때, 비로소 자유를 온전히 누릴 수 있다.

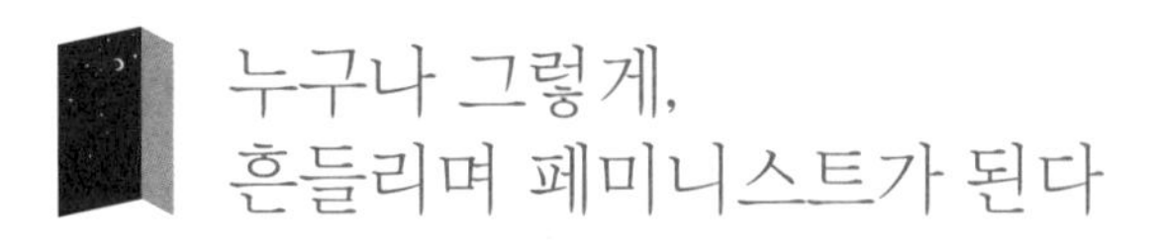

누구나 그렇게, 흔들리며 페미니스트가 된다

페미니즘에 반대하는 사람들은 여혐이나 남혐이나 똑같다고 말한다. 여혐과 남혐의 서로 다른 기원과 불평등한 기존의 사회구조 등은 둘째치고서라도, 일단 외면적으로 나타나는 심각성과 혐오 표현의 총량만 따져봐도 여혐이 압도적으로 심각한 문제임을 알 수 있는데, 이를 외면한 채 둘 다 똑같다고 하는 것은 아마도 더 심각한 쪽에 면죄부를 주고 싶은 의도 때문일 것이다. 이런 것을 두고 우리는 '물타기'라고 한다.

굳이 기존의 불평등한 권력 관계 등을 감안하지 않더라도, 겉으로 드러나는 현상만 보아도 여혐과 남혐은 아주 많이 다르다. 그중 내가 중요하다고 생각하는 차이는, 여성 혐오를 하는 사람들은 대개 그러한 행동을 하기까지 특정한 '각성'의 계기가 있었다고 언급하지 않는 반면, 남성 혐오(사실 불평등한 성별 관계에서 남성 혐오는 성립하지 않지만 여기서는 남성에 대한 모욕 발언 정도로만 정의해 본다.)를 하는 사람들은 대개 그 이전까지는 반대되는 사상을 갖고 살다가 어느 순간 '각성'의 계기를 맞이하며 변화했다고 고백한다는 사실이다.

그러니까 남성들의 표현을 빌리자면, 소위 여성의 비위를 맞추는 '보빨'을 하다가 어느 순간 각성하고서 그런 행위를 그만둔 남성은 거의 찾아볼 수가 없다. 대개 여성을 혐오하는 남성들은 태어나서부터 지금까지 쭉 그렇게 살아왔다. 그러나 여성의 경우는 그 반대이다. 자신이 태어나면서부터 페미니스트였다고 말하는 여성은 아무도 없다.

이전에 메갈리아에서 열린 천하제일 개념녀 대회가 그 좋은 예이다. 페미니스트로 각성한 여성들은 이전에는 자신도 여성 혐오를 하던 사람이었다고 고백하며, 각성의 시기도 대개 정확히 기억한다. 더 중요한 것은 여성 혐오에 반대하는 여성들 중에서도, 자신이 지금은 여성 혐오를 그만뒀다고 자신하는 사람이 아무도 없다는 점이다. 오히려 페미니스트가 된 이후 더욱더 자신 안의 여성 혐오를 발견하고 검열하게 되어 삶이 피곤해졌다고 고백하는 여성들이 많다.

이것만 보아도, 성별 대립은 단순히 이성異性 혐오로 축소할 수 있는 현상이 아니다. 이성 혐오라는 표현 속에는 양측의 잘못이 동등하다는 시각이 깔려 있다. 그러나 여성은 단 한 번도 남성과 동등한 교섭을 할 위치에 놓였던 적이 없다. 잘못도 권력이 있어야 할 수 있다. 애초 잘못을 할 만큼의 권한조차 가진 적이 없는 사람이 무슨 동등한 잘못을 저질렀겠는가.

성별 대립은 이성 혐오가 아니다. 이성 혐오란 표현 속에는 각각의 성이 자신의 이해관계를 잘 알고 있으며, 열렬히 자신의 이해관계를 수호한다는 사고가 깔려 있다. 사실은 평등하지 않은 두 사회 집단을 마치 평등한 교섭이 가능한 관계인 것처럼 호도하는 것이다.

그러나 남성과 여성은 서로를 혐오하는 것이 아니다. 가부장제 사회는 자신의 타고난 성별과 관계없이 모두가 여성을 혐오하는 사회이다. 여성 역시 태어나면서부터 자신을 혐오하길 요구받는다. 그리고 누구나 여성 혐오를 하면서 성장한다. 남성의 경우는 혐오의 대상이 자신의 신체와 분리되어 있으니 그것이 덜 끔찍하겠지만, 여성의 경우는 혐오의 대상이 바로 자신의 신체 속에 있기 때문에 한층 심각한 괴로움을 겪게 된다.

여성이 여성 혐오 사회에 대해 더 빨리 깨닫는 것은 그 때문이다. 필요는 발명의 어머니라 했던가. 인간은 삶이 편안할 때는 아무 생각을 하지 않는다. 지금의 삶이 불편한 사람들만이 이를 개선하기 위해 더 많이 생각하고 움직이면서 무언가를 개발해내는 것이다. 여성은 여성 혐오 사회에서 남성보다 더 많은 불편함을 겪기 때문에 그 사회의 문제를 더 빨리 깨닫고 그것을 변화시키기 위해 더 적극적으로 노력한다.

여성과 남성이 서로를 혐오하게 되는 과정이 서로 다르다는 것, 그리고 여성에게는 뚜렷한 각성의 계기가 있지만 남성에게는 그것이 없다는 점은 이 사회가 어느 한쪽으로 편향되어 있는 사회임을 시사한다. 사람은 누구나 어릴 때는 삶의 주어진 조건들에 의문을 품지 못하기 때문이다. 당연하게 여기던 것들을 더 이상 당연하지 않게 여기는 것은 머리가 어느 정도 굵어진 다음이다. 그런데 여성에게는 뚜렷한 각성의 시기가 있는 반면 남성에게는 없다는 것은, 여성 혐오라는 게 특정인만 하는 것이 아니라 우리 사회에 만연한 풍토임을 보여주는 것이다.

이러한 불평등한 권력 문제에 대해 '이성 간 혐오'라는 딱지를 붙이는 것은, 명백히 정치적인 문제를 탈정치화하려는 기득권의 의지가 반영된 것이다. 집단과 집단 간에 존재하는 불평등한 권력 문제를 개인 간 문제로 축소하려 하는 것은 언제나 기득권의 정치적 전술이었다. IMF 이후 양질의 일자리 자체가 축소되었음에도 사회구조의 문제를 보려 하지 않고 노력 안 한 개인을 탓하는 것이 그 예이다. 구조가 아닌 개인을 탓하게 되면 정치적 문제는 더 이상 정치와 관련 없는 문제가 되고 만다. 그리고 기득권은 그 문제를 해결해야 할 책임으로부터 면제받게 된다.

여성 혐오를 비판하는 여성들은 그 자신도 어느 정도 여성 혐오자임을 인정하며, 그렇기에 이 비판 속에는 자기 성찰과 비판도 어느 정도 포함되어 있다. 그렇기에 여성들은 여성 혐오를 하는 다른 사람들을 비판하면서도 어느 범위까지 비판할 것인가를 두고 깊이 고민하기도 한다.

그러나 여성 혐오를 하는 남성들은 비판의 대상 속에 자신을 포함시키지 않는다. 그렇기에 상대방에게 끝없이 가혹해질 수 있는 것이며, 이러한 행위가 사회를 더 나은 방향으로 변화시킬 가능성도 없는 것이다. 현재의 사회를 바꾸자고 주장하는 쪽과 유지하자고 주장하는 쪽, 둘 중 어디가 기득권인지 묻는 것은 너무나 초보적인 질문 아닐까.

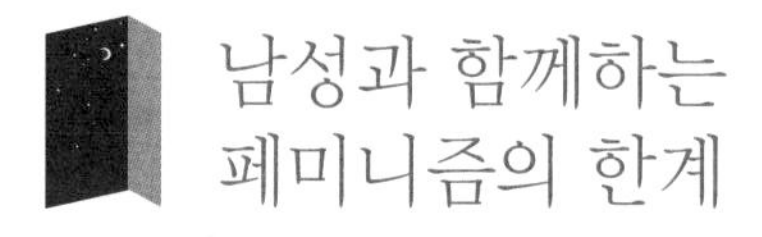

남성과 함께하는 페미니즘의 한계

최근 젊은 페미니스트 진영은 남성과 함께할 것이냐, 아니냐의 문제를 두고 치열한 갈등을 빚고 있다. 사실 한국에서는 남성을 배제한 여성들만의 운동이 지극히 최근에야 일어난 새로운 현상이다. 이 새로운 현상을 두고 기성세대를 중심으로 우려 혹은 비난하는 목소리들도 나오고 있다.

우선 나는 여성의 삶이 지금보다 더 나아지면 남성의 삶도 함께 나아질 것이라고 믿는다. 인권이라는 것은 동반 향상되는 것이지, 제로섬 게임일 수 없기 때문이다. 그러나 그 문제와, 남성과 함께 운동을 할 것인가의 문제는 다른 차원에서 살펴볼 문제라고 본다.

덜 외롭기 위해서는 더 외로워져야 한다는 역설적인 말이 있다. 당장 외로움을 달래보자고 어설픈 인간관계를 맺다 거기 중독되면 자신을 잃게 되어 결국은 더 큰 외로움을 느끼게 된다. 페미니즘과 관련해서도 비슷한 이야기를 하고 싶다. 나는 여성의 삶과 남성의 삶이 어느 한쪽을 희생시키지 않고 동시에 나아지길 바란다. 그러나 그 목표를 이루기 위해 지금 한국 사회에 더 필요한 것은 여성들만으로 조직된 운동이라고 생각한다.

여성의 삶이 나아지면 남성의 삶도 당연히 더 나아진다. 그것은 페미니즘이 진전된 국가들에서 남녀의 수명이 비슷해진 것을 봐도 짐작할 수 있는 일이다. 문제는 얼마나 많은 남성이 이 사실을 깨닫고 있느냐 하는 것이다. 현재 한국 사회에서는 대부분의 남성이 이를 깨닫지 못하고 있다. 같은 인식을 공유하지도 못하고, 같은 목표를 공유하지도 못하는 상태에서 어설프게 동행하자는 것은 결국 운동을 좌초시키자는 말과 다를 바 없다. 남성의 삶이 힘겨운 이유가 특권을 누리는 여성 때문이 아니라 남성 중심 사회 때문이라는 점에서 의견의 일치를 보지 못하는 한, 남성과 함께하는 페미니즘은 페미니즘을 더 성숙하게 만드는 것이 아니라 기득권과 타협하고 주저앉게 만들 것이다.

이런 예를 들어 보자. 고등학생이 중학생에게 소위 '삥'을 뜯었다. 그리고 이 중학생은 고등학생에게 뜯긴 '삥'을 회수하기 위해 초등학생에게 또 '삥'을 뜯는다. 이때 장기적인 관점에서 합리적인 대안은 초등학생과 중학생이 함께 뭉쳐 고등학생에게 대항하는 일이다. 고등학생은 처음엔 1만 원 '삥' 뜯은 데 만족하겠지만 그다음엔 2만 원, 3만 원 하는 식으로 점점 수위를 높여갈 것이고, 언젠가는 중학생이 감당하지 못할 날이 올 것이기 때문이다. 또한 중학생이 초등학생에게 '삥'을 뜯어본들 그게 자신이 고등학생에게 뜯긴 '삥'보다 많을 리 없다. 그러니 중학생의 입장에서도 차라리 처음부터 초등학생과 편먹고 고등학생을 물리치는 편이 합리적이다.

하지만 대개의 인간은 그러지 못한다. 고등학생의 요구가 점점 심해지고, 자신이 점점 힘들어질 것은 먼 미래의 이야기이고, 당장은 고등학생에 대한 두려움이 더 크기 때문이다. 인간은 눈앞의 탐욕 때문에 장기적으로 어리석은 선택을 하기도 하고, 타인을 지배하는 말초적인 쾌락에 빠져 타인과 자신의 삶을 함께 불행의 구렁텅이에 밀어넣기도 한다. 내가 남성을 배제한 페미니즘 운동을 이야기하는 것은 남성을 미워해서가 아니라, 인간의 이러한 어리석음을 경계하기 때문이다.

중학생이 초등학생과 편먹을 마음이 없는데, 초등학생 혼자 중학생에게 편먹자고 붙어 다니다간 중학생에게 '삥'만 뜯기게 된다. 또한 중학생은 당장의 편안함에 젖어 고등학생에게 대항할 생각을 못하게 된다. 이런 상황에서 우선 초등학생이 할 수 있는 일은 중학생한테서 멀리 도망치는 일이다. 고등학생에게서 뜯긴 '삥'을 초등학생에게서 회수할 수 없다는 사실을 중학생이 발견할 때 비로소 변화의 희망이 보인다.

페미니즘도 마찬가지이다. 나는 남성이 페미니즘에 공감하기 위해서 필요한 것은 여성의 친절한 설명이 아니라, 여성이 남성의 욕구를 채워주길 거부하는 것이라고 생각한다. 인간은 스스로 필요성을 느끼지 못하면 관심을 보이지도, 행동하지도 못한다. 남성들이 지금과 같이 페미니즘에 관심이 없는 것은 여성이 친절하게 설명하지 않았기 때문이 아니라, 스스로 필요성을 느끼지 못하기 때문이다. 남성들이 더는 여성을 동원해서 자신의 욕구를 해소하지도 못하고, 여성에 대한 폭력을 통해 자신의 분노를 해결할 수도 없음을 깨달을 때, 비로소 자신들 문제의 근원을 곰곰이 생각하게 될 것이며, 그때에라야 가부장제가 잘못되었음을 느끼게 될 것이다. 우리가 진짜 함께하게 될 수 있을 때를 위해, 지금은 서로 분리되어야 할 시기라고 본다.

그렇다면 이미 남성의 삶을 힘들게 만드는 근원이 여성이 아닌 가부장제에 있음을 깨달은 남성들은 어떨까? 이런 남성들과는 여성들이 함께해야 할까? 그 함께한다는 것이 반드시 같은 단체 내에서 운동하는 것을 뜻한다면, 나는 이 역시 아니라고 답하고 싶다. 남성들이 페미니즘에 동참하게 되는 것은 나 역시 원하는 바이다. 그러나 남성들이 페미니즘 운동에 동참하는 것과, 여성들과 같은 단체 내에서 활동하는 것은 다른 문제이다. 나는 남성들이 페미니즘 운동을 하는 것은 반대하지 않지만, 아직까지는 여성 페미니스트와 남성 페미니스트가 따로 단체를 꾸려 활동하는 편이 더 낫다고 생각한다.

이 역시 내가 남성을 미워하기 때문이 아니라, 인간의 어리석음과 나약함을 경계하기 때문이다. 인간은 누구나 새로운 것에 대한 거부감과 두려움을 갖고 있고, 설사 새로운 체제가 자신에게 이익이 된다 하더라도 때때로 현실에 안주하고자 하는 유혹을 느낀다. 남성이 여성을 지배하는 체제는 너무나 오래 존속되어왔고, 그것이 모두에게 익숙하기 때문에 여성 페미니스트조차 때때로 그것을 거부하기 어려워한다.

그 체제가 자신에게 이익이 되지 않는 여성들의 입장조차 그럴진대, 거기서 순간의 이익을 얻는 남성들의 입장은 더더욱 그럴 수 있다. 그 익숙함에 굴복하지 않기 위해서라도 여성들만의 공간은 지금 상황에서 절실히 필요하다. 남성들이 없는 공간에서, 여성들이 한 번이라도 더 발언권을 갖고 한 번이라도 더 리더로서 경험을 쌓는 것이 페미니즘적인 실천이라고 본다. 남성과 여성이 함께 있는 공간에서는 남성과 여성 모두 남성이 주도하는 익숙함에 안주하려 할 수 있기 때문이다.

만약 여성 단체에서 배제된 것에 서운함을 느끼는 남성이 있다면, 한번 자문해보길 바란다. 혹시 페미니즘에서도 자신이 주도권을 얻고 싶어 하는 것이 아닌지. 만약 이에 대한 대답이 '예'라고 해도 나는 그 남성을 비난할 마음은 없다. 다만 그러한 본인을 솔직히 시인하고, 자신의 그러한 욕구를 적절히 제어할 현명한 방법을 찾길 바란다. 나는 남녀 페미니스트가 각각 따로 단체를 꾸리는 것이 그 현명한 방법이라고 생각한다. 그리고 그럴 때, 남성들 역시 페미니즘이 여성들을 '돕는' 운동이 아니라 바로 남성들 자신들을 위한 운동임을 더 절실히 깨닫게 되리라고 믿는다. 단체를 따로 꾸리더라도 얼마든지 연대할 방법은 있다.

3
가부장제 사회에
비비탄을 쏘아 올리다

로맨스와 범죄 사이를 넘나드는 위험한 드라마들

지난 2017년 2월 보건사회연구원에서 저출산 대책이라는 명목으로 "고스펙 여성들이 하향 선택 결혼을 할 수 있도록 문화 콘텐츠 개발이 이뤄져야 한다. 이는 대중에게 무해한 음모 수준으로 은밀히 진행될 필요가 있다."라는 보고서를 작성한 사실이 밝혀져 전국이 발칵 뒤집어졌다. 그 이후 정권이 바뀌었는데, 새로 등장한 대통령이 페미니스트로 자처했지만 어째 방영되는 드라마들을 보면 보고서의 방향대로 충실히 진행된 것 같은 느낌이다.

특히 지난 2018년은 여성의 성적 자기결정권을 위협할 만한 드라마가 다수 방영되었다. 폭력을 사랑으로 미화한 〈나의 아저씨〉가 대표적이다. 20대 초반 여성들은 법적으로는 성인이지만 사회 경험이 부족해 나이 많은 아저씨들한테 수시로 성적 위협을 당하면서도 어떻게 대처해야 할지 몰라 안 그래도 두려움을 느끼는 상황인데, 과연 이런 드라마가 이들에게 어떻게 다가올까? 로맨틱하다기보다는 공포로 느껴질 것이다.

우리나라보다 성적으로 개방적이라고 알려진 서양의 주요 국가도 미성년자 의제강간 연령이 한국의 12세보다 훨씬 높은 16세이다. 이는 나이에 의한 위계적 상황을 고려한 결과이다. 나이에 의한 위계는 성인 사이에도 작용한다. 더군다나 유교 문화의 영향으로 나이에 따른 위계질서가 서양보다 강한 한국의 경우라면 더더욱 성에 있어 나이에 의한 위계의 의미를 철저하게 고려해야 한다.

한국은 미성년자 의제강간 연령이 매우 낮아 여성의 성적 자기결정권을 존중하는 듯 보이면서도, 이와 대조적으로 20대 초반의 여성이 어딜 가나 성인보다는 애 취급을 받고 누구에게나 일상적으로 반말을 듣는 모순적인 나라이다. 나 역시 20대 초반 시절, 음식점을 가든 버스를 타든 택시를 타든 초면의 남성에게 반말을 듣기가 예사였다. 돈을 지급하는 고객의 입장에서 요구사항을 이야기하더라도 '어린 게 버릇없다.'라는 말을 듣기 예사였다. 20대 초반의 여성이 한 사람의 성인으로 존중받지 못하는 분위기 속에서 과연 40대 남성과 교제하는 그 또래의 여성이 성적 자기결정권을 충분히 행사할 수 있을까?

만약 그것이 진짜 사랑이었다면, 남성은 자신과 대등하지 못한 관계에 있는 여성의 입장을 더 많이 고려했어야 했다. 여성이 확실히 거절 의사를 표현하지 않더라도, 혹시나 어른 앞이라서 당당하게 자신의 속마음을 밝히지 못하는 건 아닌지 한 번 더 생각하고, 공포스럽지 않은 분위기에서 여성에게 속마음을 말할 기회를 주어야 진정한 로맨스라고 할 수 있다. 그러나 자신이 어린 20대 여성 앞에서 갖는 권력이 어떤 것인지 자각하고 주의하기보다는 연약한 남성이라는 피해의식에 휩싸여 있는 사람이 권력 행사를 자제할 가능성은 극히 희박하다. 이 드라마에서 40대의 남성은 사랑의 의미로 폭력을 휘둘렀고, 20대의 여성은 여기에 대해 "너 나 좋아하지?"라고 응답했다.

이 드라마를 보며 많은 여성이 두려움을 느꼈다. 드라마 속에서야 어차피 남주인공과 여주인공이 사귀기로 결말이 정해져 있지만, 현실은 그렇지 않기 때문이다. 드라마에서는 '여성이 남성을 좋아하지 않을 가능성'이 생략되었다. 현실은 드라마와 달리 결말이 정해져 있지 않기 때문에, 여성이 남성을 좋아하지 않을 수 있다. 그런데 남성이 일방적으로 폭력을 휘두르면서, 피해 여성이 드라마 속 여주인공과 같이 자신의 폭력을 사랑이라고 여길 거라고 착각하면 어떻게 되는가?

과연 현실 속 남성들이 드라마와 현실의 다른 점을 구분할 수 있을까? 안타깝게도 아직 한국은 그렇지 못한 것 같다. 데이트 폭력이 범죄라는 인식이 생겨난 것도 최근이고, 이 드라마에 달린 많은 남성의 댓글이 바로 '저도 40대인데 20대 여자랑 가능할 것 같습니다.'라는 것이었으니 말이다. 하지만 20대 초반의 여성이 경험하는 현실은 40대 아저씨와의 달달한 로맨스보다는, 알바할 때 추근거리는 아저씨에 대한 공포이다.

식당에서 아르바이트를 하는데, 40대 아저씨가 끝나고 나서 자기랑 따로 만나자고 하더니 식당 문 닫을 때까지 문 앞에서 기다리는 통에 무서워서 귀가도 못하고 발을 동동 구르며 지인에게 전화하는 상황은 20대 초반 여성들이 드물지 않게 겪는 일이다. 본인은 구애라고 생각할지 모르나 상대방의 공포감을 유발한다면 이는 엄연한 범죄이다. 서양은 집요한 구애행위 등 상대방에게 공포를 유발하는 행위 역시 범죄라는 인식하에 규제하고 처벌하지만, 한국에서는 이러한 행위를 신고한들 예민한 여성 정도의 취급을 받을 뿐이다. 스토킹이 지속되다 끝내 살해로 이어져야만 비로소 문제로 취급되는 것이 한국의 현 상황이다.

범죄 프로파일러 배상훈은 어두운 골목에서 남성이 여성을 뒤쫓아가는 행위도 범죄라고 지적한다. 남성이 여성에게 구애를 할 때는, 상대방에게 거절할 기회를 충분히 주고, 공포스럽지 않은 분위기에서 해야 한다. 설사 남성이 위해를 가할 의도가 없다고 해도, 물리적으로 그것이 가능한 상황이 되면 여성은 공포를 느끼기 때문이다.

실제로 20대 여성은 많은 성범죄에 노출되어 있다. 법적으로는 성인이지만 이제 갓 성인이 되어 직장에서 직급이 낮고, 사회 경험이 부족해 대처 능력도 미숙하다. 이들보다 사회 경험이 많은 남성들은 이를 악용한다. 남성 상사가 성적인 요구를 했을 때 여성이 어떻게 거절해야 할지 몰라 당황해하는 사이 이미 상사는 OK 사인으로 알아듣고 그다음 단계로 넘어가기도 한다.

일본의 사회학자 무타 카즈에는 《부장님, 그건 성희롱입니다》라는 저서에서 많은 성희롱이 회색지대에 있다고 지적한다. 많은 사람이 성희롱과 정상적인 로맨스가 칼로 무 자르듯 확연히 구분된다고 믿지만, 현실은 모호한 경우가 더 많다는 것이다. 여성과 사귀는 것으로 생각했다는 남성의 항변이 그의 입장에서는 사실일 수 있다. 그러나 상대 여성이 거절할 수 있는 위치에 있지 않았다면 받아들이는 사람 입장에서는 성희롱이 될 수 있다.

그러므로 남성은 직장에서 자신보다 후배 혹은 아래 직급에 있는 여성에게 이성의 감정을 느낄 때 각별히 주의해야 한다. 자신의 성적인 요구를 자신의 지위를 이용해 관철하려는 마음이 바로 성희롱의 싹이라고 무타 카즈에는 지적한다. 모든 남성이 성희롱범은 아니겠지만, 적어도 성희롱의 싹은 많은 남성이 가지고 있을 수 있다. 이 싹이 움터서 대지 위로 나오지 못하도록 하는 것이 사회의 역할인데, 지금 한국에서 방영되는 드라마들은 싹이 움터서 나올 수 있도록 열심히 비료를 주고 있다.

한편 드라마 〈김 비서가 왜 그럴까〉는 어떠한가? 드라마 속 남성은 업무가 끝난 후에도 마음대로 여비서의 집을 찾아가고, 업무를 빙자하여 휴일에 놀이공원으로 불러내어 함께 놀이기구를 타다가 동의 없이 은근슬쩍 손을 잡는다. 둘이 사귀는 사이도 아니었는데 말이다. 드라마에서는 여주인공이 나중에 남주인공을 좋아하는 것으로 미리 설정되어 있지만, 현실은 언제나 열린 결말이다. 그러한 결론 외에 다른 결론도 가능하다. 상사에게 성적 호감을 느끼지 않는 여비서는 밤늦게 불쑥 집으로 찾아오는 상사에게 두려움을 느낄 수 있고, 업무를 빙자하여 불러낸 뒤 은근슬쩍 손을 잡는 것을 성희롱이라고 생각할 수도 있다. '그러면 그만두면 되지 않느냐?'라고 반론할 수 있겠지만, 원치 않는 상사의 성적인 요구로 인해 자신의 경력에 지장을 받는 것 자체가 성희롱이다.

드라마 〈여우각시별〉 역시 성희롱과 로맨스의 아슬아슬한 경계를 넘나들고 있었다. 보안팀 남자 선배 오대기는 여자 후배

나영주를 향해 이성적 호감을 느끼는 상황이다. 나영주는 이를 눈치 채고 다른 팀으로 바꿔달라고 요구하는데, 오대기는 이 요구에 대해 선배의 권위를 이용해 안 된다며 나무란다. 아마도 오대기는 계속 나영주와 근무하고 싶었던 모양인데, 자신의 업무상 지위를 이용하여 상대방에게 성적인 요구를 관철하려 하는 것 자체가 성희롱의 싹이다. 다행스럽게도, 나중에 오대기는 자신이 후배에게 품고 있는 연정을 드러낸 것이 선배답지 못한 처신이었다고 인정하기는 하지만 시청자들에게 성희롱을 로맨스로 오해하게 만들 소지가 다분했다. 만약 현실에서 저런 일이 벌어졌는데 여성 입장에서 남성에게 이성적 호감이 없었다면, 여성은 아마도 상당한 성적 굴욕감과 공포를 느꼈을지 모른다.

〈김 비서가 왜 그럴까〉와 〈여우각시별〉에서 두 여주인공은 상사 앞에서 똑 부러지게 거절 의사를 전달한다. 그러나 많은 경우 현실의 여성들은 그렇게 하지 못한다. 그것은 성적인 요구를 하는 남성들이 드라마 속 남주인공들처럼 젠틀하지 못하기 때문이기도 하다. 만약 자신이 그 요구를 거절했을 때 인사상 불이익을 받으면 어떡하나, 하는 두려움을 직급 낮은 여성은 느낄 수 있다. 여성을 그런 고민에 빠지게 하는 것 자체가 여성의 입장에서는 성으로 인해 겪는 부당한 대우이다.

무타 카즈에 선생은 업무상 자신의 지휘 아래 있는 여성에게 이성적 호감을 느낄 경우, 그 여성이 자신의 영향권 밖으로 벗어날 때까지, 즉 타 부서로 옮기거나 기간제 사원의 경우 계약이 종료될 때까지 기다렸다가 고백하는 편이 바람직하다고 제안한다. 여성이 거절할 수 있는 위치에 있을 때 고백해야 한다는 것이다. 만약 그 여성이 자신의 영향권 밖으로 벗어나면 고백을 거절할까 두려워서 그 전에 고백해야겠다고 마음먹는다면, 바로 그러한 사고가 성희롱의 싹이라는 무타 카즈에 선생의 지적을 한국 사회에 들려주고 싶다.

〈여우각시별〉에서 공 과장은 그저 하청 업체 담당자와 친해지고 싶어서 술을 마시자고 제안했는데, 하청 업체에서는 이를 갑질로 신고하는 장면이 나온다. 사람은 때론 자신이 가진 권력의 크기를 실감하지 못할 수 있다. 상대와 가까워지고 싶은 마음에 제안을 했더라도, 상대방이 자신과 대등한 위치에 있지 못한 상태라면 상대방의 입장에서는 그것이 갑질이 될 수 있는 것이다.

따라서 자신이 권력을 가진 입장이라면 가급적 업무 외의 요구는 하지 말아야 한다. 성적인 요구 역시 마찬가지이다. 만약 피치 못하게 그러한 요구를 하게 될 경우, 거절하더라도 인사상 불이익이 없을 것임을 상대방에게 충분히 주지시키고, 상대방이 먼저 동의 의사를 입으로 말하기 전에 함부로 신체 접촉을 하지 말아야 한다. 무타 카즈에 선생의 충고대로, 해당 여성이 자신의 지휘 밖으로 벗어난 이후에 접근하는 것이 가장 좋겠지만 말이다. 앞으론 한국 드라마가 여성의 성적 자기결정권을 좀 더 존중하길 바란다.

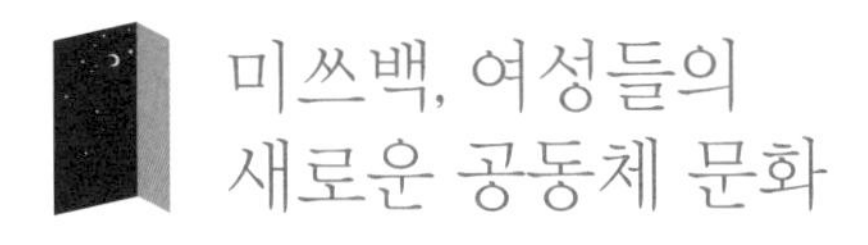

미쓰백, 여성들의 새로운 공동체 문화

영화 〈미쓰백〉이 여성 주연 영화에 대한 우려를 깨고 손익분기점인 누적 관객 70만 명을 돌파했다. 이는 여성 영화를 갈망하는 많은 여성들의 후원 덕분이기도 했다. 여성들은 직접 영화관에 가지 못하더라도 표를 예매하는 '영혼 보내기 운동'을 통해 〈미쓰백〉을 후원했다. 이는 그만큼 여성들이 여성 영화를 갈망해왔음을 방증한다. 동시에 문화 시장의 큰손이라고 불리는 2030 여성이 얼마나 그동안 소외되어 왔는지에 대한 반증이기도 하다.

여성 억압은 '단지 여성이라는 이유' 외에 달리 설명하기 어려운 지점이 너무나도 많다. 남성들은 여성 차별에 대해 '물리력이 약해서'라거나, '돈을 적게 벌어서'라고 하며 어떻게든 '여성'을 지우고 남성에게도 적용될 수 있는 이유를 대려 한다. 물론 여성 차별에 이와 같은 요인들이 전혀 작용하지 않는다고는 볼 수 없겠지만, 그럼에도 여성 차별은 성중립적인 사회구조적 요인만으로 설명하기엔 충분치 못한 점이 많다.

여성 차별이 자본주의의 구조적 문제에서 출발한다면, '소비자가 왕'이라 불리는 이 시대에 여성 소비자가 어떻게 이토록 대접받지 못할 수 있는가? 언제나 '소비자'와 같이 성중립적으로 표현된 지칭 속엔 자연스레 남성들만 포함된다. '소비자가 왕'이라는 이유로 여성 노동자는 남성 소비자에게 성희롱을 당하고도 아무런 반격조차 하지 못하지만, 여성 소비자는 가게 아르바이트생, 게스트하우스 주인에 의해 몰카를 찍힌다.

자신의 개인 SNS에 메갈리아 티셔츠를 찍어서 올렸다고 해고당한 넥슨 성우 교체 사건 때도 남성들은 '소비자가 왕'이라는 자본주의의 법칙을 내세우며 여자들도 게임을 많이 하면 소비자로서 이와 같은 권력을 휘두를 수 있지 않겠냐고 조롱했지만, 사실 여성 소비자가 주류인 다른 시장에서도 사정은 별반 다를 것이 없었다. 여성 소비자가 주류인 분야라 할지라도 남성 소비자들처럼 '갑질'을 할 수 있기는커녕, 소비자로서 정당한 권리조차 누리기 힘들었다.

여성들이 문화 산업에 아무리 돈을 많이 쓰더라도 소설가, 영화감독들은 여성 소비자의 취향은 아랑곳하지 않고 남성 취향에 맞는 작품들만을 만들어낸다. 그뿐인가. 여제자를 성추행하고, 자신에게 순응적이지 않은 여작가, 여감독의 앞길을 막음으로써 소비자의 선택권까지 제한한다. '소비자가 왕'이든 '공급자가 왕'이든 그건 여성과는 관계없는 문제이다. 여성은 소비자이든 공급자이든 언제나 피해자가 되고, 소외되기 때문이다. 성차별은 인종차별, 혹은 부와 권력에 의한 차별 등 그 어떤 차별보다 훨씬 심층적이며, 성별 대립은 자본가와 노동자의 대립보다 훨씬 근원적이라는 사실을 깨닫게 된다.

그동안 여성들은 남작가, 남감독의 작품이 마음에 들어 팔아준 것이 아니다. 그들이 이미 카르텔을 구성하고 여작가, 여감독의 앞길을 막아서 여성들의 취향에 맞는 작품 자체가 나오지 못하도록 만들었기 때문에, 어쩔 수 없이 소비한 것이다. 이 때문에 여성 소비자들은 지금껏 자신들이 소비자로서 정당한 선택권을 누리지 못했음을 〈미쓰백〉 후원을 통해 외치고 있는 것이다. 소비자보다는 권력자에게 충성하길 요구하는 영화계에서, 〈미쓰백〉 감독은 주류 문화 권력에 반기를 들고 소비자에게 손을 내밀었다. 그리고 여성들은 이에 자매애로써 화답했다.

〈미쓰백〉, 여성 영화다운 영화로는 거의 처음이 아닌가 싶다. 그만큼 짚어볼 만한 포인트도 많다. 우선 '아동 학대'라는 범죄를 다뤘지만, 그럼에도 남성 주류 영화에서 흔히 찾아볼 수 있는 '정의에 찬 분노'는 찾아보기 어렵다. 그간 사회문제를 다룬 많은 남성 영화는 '정의감에 가득 찬 주인공'이 악의 무리를 응징하고 타파하는 내용이 주류였다.

그러나 〈미쓰백〉에서는 그런 정의의 철퇴를 찾아보기 어렵다. 가해자들이 법의 처벌을 받는 모습으로 마무리되긴 하지만, 주인공 미쓰백은 이들을 응징하기 위해 싸운다기보다는 그저 학대 아동 지은의 곁에 있으려 한다. 미쓰백이 지은에게 처음으로 먹을 것을 사주던 날 지은은 미쓰백을 '아줌마'와 '선생님'으로 부르지만, 미쓰백은 이와 같은 호칭을 거부하며 그냥 '미쓰백'이라고 부르라고 한다. 장유유서의 한국 문화상, 어린아이가 어른을 부를 때 쓸 법한 호칭은 아니다. 그러나 미쓰백은 지은과 나이의 위계마저 뛰어넘는 관계를 맺는다.

둘의 관계가 나이의 위계를 뛰어넘는 대목은 계속해서 관찰할 수 있다. '미쓰백의 엄마는 어디에 있느냐?'라는 지은의 물음에 미쓰백이 '우리 엄마는 지옥에 있어.'라고 답하자, 지은은 미쓰백의 머리를 쓰다듬는다. 어린아이가 어른에게 할 법한 행동은 아니지만, 지은은 그저 미쓰백을 위로하고 싶었던 것 같다. 그렇게, 둘은 남성 주류 사회가 그어놓은 위계의 벽을 뛰어넘어 그저 '자매'로서 연결된다.

미쓰백이 지은을 데리고 도망칠 때 역시 마찬가지이다. 미쓰백은 지은에게 어릴 적 학대로 생긴 상처를 보여주며 '너나 나나'라고 말하고는, '나는 무식해서 너한테 가르쳐줄 것도 없고, 가진 것도 없어서 줄 것도 없지만, 네 옆에 있을게.'라고 말한다. 그렇게, 둘은 '돕는 이'와 '도움 받는 이' 사이의 위계마저 뛰어넘는다. 성차별이 그 어떤 차별보다도 근원적이듯, 자매애 역시 남성 중심 사회가 만들어놓은 그 어떤 위계의 벽도 뛰어넘을 만큼 강력하다는 것을 확인할 수 있다.

남성들은 '여성주의'를 그저 남성과의 평등을 추구하는 것 정도로 이해한다. 그러고선 '동등한 대우를 받고 싶다면 동등한 의무를 다해라.'라고 외친다. 그러나 여성주의는 남성을 기준에 놓고 그 남성에 도달하려 하는 운동이 아니다. '남성성'이라는 것이 여성들이 선망할 만큼 우월한 가치라는 것은 남성들만의 착각이다. 여성들은 남성에 도달하기 위해 여성주의를 부르짖는 것이 아니라, 남성들이 지금까지 만들어놓은 모든 사회제도를 뒤엎고 새로운 사회를 건설하기 위해 여성주의를 부르짖는다. 그 새로운 사회란 인간과 인간 사이에 아무런 위계가 없는 사회이다.

그간 남성 감독들이 사회문제를 다뤄온 방식은 항상 악한 자와 이를 응징하는 자 사이의 위계, 그리고 돕는 자와 도움 받는 자 사이의 위계를 발생시켰다. 그러나 〈미쓰백〉은 그 위계를 뛰어넘는다. 영화 속 형사 '장섭'이 그토록 끈질긴 구애를 하지만 '미쓰백'의 마음을 얻지 못하는 이유가 거기 있는 것 아닐까. '장섭'은 미쓰백을 좋아하고, 또 돕고 싶어 하지만 정작 미쓰백은 그런 장섭에게 '날 볼 때마다 미안하고 불쌍해 죽겠다는 그 얼굴, 그걸 평생을 더 보라고?' 하고 외친다. 장섭이 미쓰백을 아무리 좋아하더라도, 자신은 돕는 자이고 미쓰백은 도움을 받는 자라는 위계의 관념을 극복하지 못하는 한 그들은 평등한 부부 관계가 될 수 없다.

'장섭'의 누나는 이런 면에서 자신의 남동생과 다르다. 그녀는 지은을 데리고 도망친 미쓰백에게, 그 애가 불쌍하더냐 혹은 구해주고 싶더냐, 하고 묻지 않는다. '너는 걔가 좋더나?' 하고 묻는다. 그러고는, '핏줄로 엮이지 못한 게, 그게 죄지.'라고 말한다. 폭력의 근원이 부계 혈통주의, 즉 가부장제에 있음을 시사하는 말이다.

모든 폭력의 근원은 인간과 인간 사이에 존재하는 위계이다. 한국에서도 최근 아동 학대 문제가 크게 이슈화되고 있지만, 여전히 국민들의 의식은 '아동 학대'와 '체벌'은 다르다, 학대와 체벌 사이의 정확한 선을 그어 달라, 라는 수준에 머물러 있다. 그러나 《이상한 정상가족》의 저자 김희경은 언제나 아동 학대는 사소한 체벌에서 출발하며 학대 부모도 자신의 행위를 늘 체벌로 정당화하기 때문에, 아동 학대를 막기 위해서는 체벌을 전면 금지해야 한다고 주장한다.

어쩌면 학대와 체벌 사이에 명확한 경계는 존재하지 않는지도 모른다. 누군가가 누군가의 행동을 평가하고 판단할 권리가 있다고 믿는 한, 그 관계는 이미 폭력의 싹이 내재된 관계일 것이다. 그런 점에서, 〈미쓰백〉은 아동 학대 문제를 다루면서도 문제의식을 그저 '일부 가해 부모'에게 한정하지 않는다. 그보다는 남녀 사이의 위계, 그리고 어른과 아이 사이에 존재하는 위계 등 모든 종류의 위계 관계에 저항한다. 그리고 남성 중심 사회와 다른, 새로운 여성 공동체 문화의 가능성을 보여준다.

드라마 〈스카이캐슬〉을 통해 보는 가부장제와 사교육

지난 2월, 교육 풍자 드라마 〈스카이캐슬〉이 인기리에 종영되었다. 교육 문제가 한국 사회의 심각한 문제 중 하나라는 사실은 대부분의 국민이 공감하는 바이다. 그래서일까? KBS 드라마 〈학교〉 시리즈를 비롯해서, 교육을 풍자한 드라마와 영화, 소설, 다큐멘터리가 끊임없이 만들어지고 있다. 사교육비 문제가 가계 경제의 블랙홀로 작용하고, 국민의 노후 대비를 어렵게 만든다는 지적 역시 하루 이틀 이야기가 아니다.

그 와중에 드라마 〈스카이캐슬〉이 사교육의 메커니즘을 잘 파악했다는 생각이 든다. 흔히 사교육은 '극성 엄마'의 문제로 받아들여지지만, 그 '극성 엄마'를 만들어낸 원인이 바로 가부장제 사회이다. 그러므로 사교육 문제는 가부장제와 떼어놓고 파악할 수 없다. 대개 남성들은 이것을 포착하지 못하기에 문제 해결에 실패한다.

사교육 문제를 순전히 극성 엄마만의 문제로 파악하고 '아이의 개성을 중시하자.'라는 지극히 이상적인 대안을 내놓은 교육 소설《풀꽃도 꽃이다》의 저자 조정래 역시 남성이었다. 또한 '경쟁 교육은 나쁘다.'라면서 지극히 감상적이고 이상적인 이야기를 내놓는 주요 교육감 역시 남성이다. 가정에서 교육의 1차적 담당자는 여성으로 여겨지는데, 그동안 교육 문제에 대한 발화 권력, 그리고 정치적 권력은 대개 남성이 소유하고 있었다. 여기서 견고한 성별 계급제를 다시 한 번 확인하게 된다.

가정에서 교육의 1차적 담당자로 여겨지는 여성의 목소리를 '극성 엄마의 정신 나간 소리'로 일축하고 모든 발화 권력과 정치적 권력을 남성이 독점하는 한 교육 문제는 풀 수 없다. 한국의 교육 문제는 명백히 가부장제에서 출발하기 때문이다. 그런 면에서 교육에 대한 엄마의 태도뿐 아니라 아빠의 태도까지 고루 그려낸 〈스카이캐슬〉은 해결의 실마리를 보여준다.

그동안 남성이 그려낸 교육 관련 소설과 영화, 언론 기사에서는 아빠라는 존재를 그저 '방관자'로 묘사했지만, 이는 진실이 아니었다. 여성 커뮤니티에 들어가 보면, 평소 교육에 무관심하다가도 아이 성적이 떨어지면 아내를 닦달하는 남편의 사례를 흔하게 볼 수 있다. 여성 작가가 쓴 〈스카이캐슬〉은 이 불편한 진실을 가감 없이 드러낸다.

학력고사 수석에, 2대째 서울 의대 출신의 의사 가문을 이룬 예서 아빠 강준상은 자녀 교육에 극성인 아내를 핀잔하면서도 아내의 요구를 거스르진 않는다. 그러면서 '우리 예서가 서울 의대를 왜 떨어져?' 하며 자신감을 내비치기도 하고, 예서의 전교 1등을 직장에서 자랑하기도 하며, 자신의 경쟁자의 아들을 성적으로 꺾어버리라고 예서에게 당부하기도 한다. 이러한 강준상의 태도에서, 자녀를 독립된 인격체가 아니라 남성의 소유물로 여기는 뿌리 깊은 가부장제의 흔적을 느낄 수 있다.

예서를 통해 3대째 의사 가문을 만드는 것은 강준상의 어머니, 그리고 강준상의 간절한 소망이기도 하다. 그런데 '3대'라는 설정이 부계 혈통 중심이라는 것도 인상적이다. 딱히 강준상만 그런 것은 아니다. 자녀를 남성의 소유물로 여기며 남성의 사회적 체면을 위해, 그리고 부계 혈통 중심의 대를 잇기 위해 자녀의 진로를 마음대로 결정하고 강요하는 것은 '스카이캐슬'의 거의 모든 가정에서 일어나는 일들이다. 애초 '스카이캐슬'의 입주권부터가 대개 남성의 직업에 의해 결정된다. 자녀를 독립된 인격체로 존중하기 위해서는 우선 부계 혈통 중심의 가부장제가 사라져야 함을 느낄 수 있는 대목이다.

'꼭 그렇게까지 해서 아이를 명문대에 보내야겠느냐?'라는 우주 엄마의 질문에 대한 예서 엄마의, '이렇게라도 해야 내 아이가 나만큼은 살 수 있을 테니까.'라는 대답은 참 인상적이다. 결국 사교육 문제의 핵심은 '이 사회가 내 아이를 지켜줄 수 없다.'라는, 사회적 신뢰의 붕괴에 있음을 정확하게 꼬집은 대목이라고 볼 수 있겠다.

사실 이 드라마에 등장하는 사교육에 열광하는 엄마들 전부가 '아이에게 집착하고 대리만족하는 정신 나간 여자들'은 아니다. 늘 공부하라고 닦달하다가도 아들과 함께 침대에 누워 '우리 아들 고생하는 걸 보면 건강하게만 자라줬으면 좋겠다 싶다.'라며 흔들리는 수한 엄마, 그리고 우주 엄마에게 사교육 안 시켜도 공부 잘하는 비결을 물으며 '제 아이들에게도 사교육 안 시킬 수만 있다면 정말 안 시키고 싶거든요.'라고 말하는 서준·기준 엄마. 이토록 흔들리고 고민하는 모습을 보고서도 이들의 행동을 그저 '정신 나간 여자들의 행동'으로 치부할 수 있는가.

사실 이들은 '무엇이 진정 자녀를 위한 일인가?'를 두고 남편들보다 훨씬 치열하게 고민하고 있다. 그런데도 이들이 '사교육'이라는 꺼림칙한 답을 찾을 수밖에 없는 것은 이들의 고민이 부족하기 때문이 아니라 남성 중심 사회가 오직 그 해답만을 강요하기 때문이다.

사교육 문제는 가족을 자신의 소유물로 여기고, 가정 밖에서 서로 적대적인 남성 문화가 변하지 않고서는 해결될 수 없는 문제이다. 언젠가 나는 육아 문제를 두고 남성들과 대화한 적이 있다. '왜 남성들은 육아에 동참하지 않는가?'라는 나의 질문에, 그들은 '가족을 부양하기 위해 돈을 벌어야 하기 때문'이라고 답했다. 나는 그들이 진정 가족을 소유물이 아니라 독립된 인격체로서 사랑한다면, 열심히 돈을 벌기보다는 자신이 먼저 죽더라도 가족을 돌봐줄 수 있도록 사회적 제도를 만드는 일에 나서지 않을까 하는 생각이 든다. 어느 누가 천년만년 살며 자녀와 아내를 완벽하게 부양할 수 있다고 장담할 수 있는가? 어쩌면 이들은, 아내와 자녀들을 자신이 죽으면 함께 무덤에 묻히는 순장품쯤으로 생각하고 있는 게 아닐까.

'가족을 사랑하기 때문에 생계 부양을 위해 열심히 일한다.'라는 남성들의 말 속에는, '아내와 자녀들의 처우가 남성 가장의 사회적 지위와 노력 여하에 따라 달라지는 것이 당연하다.'라는 믿음이 깔려 있다. 이것이야말로 지극히 가부장적인 사고이다. 아내와 자녀는 남성 가장의 소유물이 아니기 때문에, 아내와 자녀의 처우가 남성 가장의 사회적 지위나 노력 여하에 따라 달라져서는 안 된다. 이런 믿음을 공유한 사회는 공동 보육, 기초생활 보장, 동일노동 동일임금 등의 사회적 제도를 구축하게 된다. '굳이 내가 아니더라도 이 사회가 내 가족을 지켜줄 것이다.'라는 믿음을 주는 사회에서 과연 이토록 학대에 가까운 사교육이 벌어질 수 있을까?

구의역 사건이 벌어진 것이 벌써 3년 전이다. '대학을 나오지 못한 노동자는 일하다 죽어도 상관없다.'라고 말하는 사회에서, 그리고 '어차피 내 자녀는 그런 노동자가 되지 않을 것이니 나와는 상관없다.'라고 말하는 사람이 교육부 고위 관료로 있는 사회에서, 자녀 교육에 '올인'하는 여성들을 어찌 탓할 수 있을까.

또 〈스카이캐슬〉 속에서 자녀를 서울 의대에 합격시켰다고 아내에게 크루즈 여행 티켓을 선물로 '하사'하는 남편, 아내가 자신의 교육 방침에 따르지 않았다고 아내에게 '하사'한 신용카드를 전부 가위로 잘라버리는 남편을 보면서 과도한 사교육에 가부장제의 책임이 없다고 어떻게 말할 수 있는가.

상황이 이런데도 남성들이 만든 서사 속에서 문제의 원인인 남성들의 책임은 언제나 쏙 빠진다. 자신들의 부끄러운 행동을 전부 지운 서사를 유통시키며 교육 정책 책임자의 자리에 그들이 앉아 있는 한 한국의 교육 문제는 해결될 수 없다.

여성은 가정 요리엔 적합하지만 요리를 직업으로 하는 셰프가 되기엔 부적합하고, 여성은 가정교육의 주담당자이지만 교육 정책을 관장하는 교육 관료나 교육감이 되기엔 부적합하다는 식의 성별 계급제가 문제의 해결을 더 어렵게 하고 있는 건 아닌가 생각해본다. 현장의 목소리를 외면하면 해결의 실마리는 보이지 않는다. 교육 문제를 다룰 때 1차적 담당자인 여성의 목소리를 귀담아들어야 하는 이유이다.

그러나 성별 계급제 사회는 언제나 실무자인 여성의 목소리를 무시한다. 결정은 자신들이 다 해놓고 책임은 여성에게 떠넘긴다. 모든 게 '극성 엄마' 탓이라는 것이다. 이러한 모함에 작가는 담대하게 저항한다. 앞으로는 교육부의 고위 관료, 그리고 교육감 중에 여성의 비율이 더 높아지길 바란다. 그래야 문제의 원인을 보다 정확히 짚어내고 올바른 해결책을 강구할 수 있지 않을까.

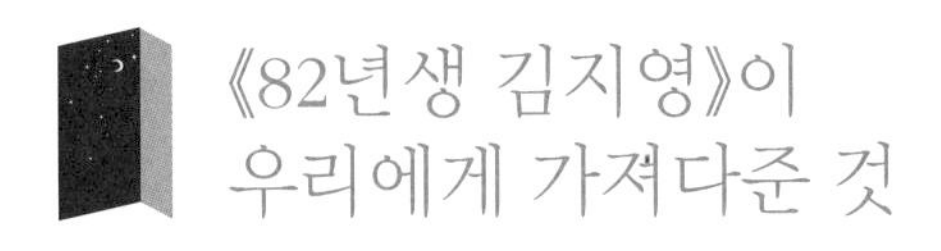

《82년생 김지영》이 우리에게 가져다준 것

2018년 한 해 동안 《82년생 김지영》으로 인해 한국 사회가 몸살을 앓았다. 고 노회찬 의원이 문재인 대통령에게 이 책을 선물하면서 이슈가 되었고, 그 후로 날개 돋친 듯이 팔려나갔다. 국내에서만도 100만 부가 넘게 팔리고, 세계 각국으로 번역되어 나갔다. 그러자 '82kg 김지영'이니, '90년생 김지훈'이니 하면서 한국 남성들의 조롱도 이어졌다.

나는 이 책이 선풍적인 인기를 끌기 전에 읽었는데, 그땐 이 책이 그렇게까지 충격적으로 느껴지지 않았다. 오히려 지나치게 남성 입장에서 쓴 것 아닌가 싶었는데, 나중에 이 책에 보이는 남성들의 반응이 오히려 더 충격적이었다. 고작 이 정도 이야기가 과격한 페미니즘으로 보인다면, 한국 사회의 성에 대한 인식은 도대체 얼마나 후진적이라는 이야기일까, 새삼 씁쓸했다.

젊은 남성들은 '저런 차별은 82년생들이나 겪은 거지, 더 어린 여성들은 경험한 바가 없다, 이미 성차별은 사라졌다.'라고 주장하지만 웬걸, 오히려 더 어린 여성들은 자신의 경험에 비추어, 이조차 너무 온건하다고 주장한다. 그렇지만 《82년생 김지영》이 한국 사회에 획기적인 변화를 가져왔음은 부인할 수 없다. 그것은 바로, 페미니즘을 소수 엘리트 여성의 것에서 다수의 평범한 여성들의 것으로 변화시켰다는 사실이다.

조남주 작가가 등장하기 이전까지, 한국에서 페미니스트 작가로 가장 유명한 이는 공지영이었다. 공지영 작가는 1993년에 발표한 《무소의 뿔처럼 혼자서 가라》라는 페미니즘 소설로 큰 명성을 얻었다. 그 이후 한참 동안 대중적인 인기를 끄는 페미니즘 소설이 나오지 않다가 긴 침묵을 깨고 조남주 작가가 등장한 것이다.

이 두 페미니즘 작가 사이에는 커다란 시간차가 있었으며, 그 사이 한국 사회는 참 많이 변했다. 그 변화의 핵심적인 부분이 바로 페미니즘의 필요성이 엘리트 여성에게서 다수의 평범한 여성에게로 옮겨가기 시작했다는 점일 것이고, 조남주 작가는 시의적절하게도 이 점을 잘 포착해냈다.

이 소설의 등장 이전까지, 한국 사회에서는 '페미니즘'이라고 하면 왠지 엘리트 여성들만 주장해야 될 것 같은 분위기가 있었다. 그래서 스스로 엘리트라고 생각하는 여성들은 페미니즘이 뭔지 잘 모르고, 관심이 없더라도 자신을 페미니스트라고 말하고 다니기도 했다. 마치 페미니즘을 패션처럼 장착한다 하여, '패션 페미'라는 말도 생겨났다.

확실히, 공지영 시대의 페미니스트만 보더라도 나름대로 괜찮은 집안에서 태어난 고학력 엘리트 여성들이었다. 그걸 보면서 평범한 여성들은 '나 같은 사람이 페미니즘을 외쳐도 될까?' 하고 주저하기도 했고, 거꾸로 엘리트 여성이라면 응당 페미니스트여야 하는 것처럼 여겨지기도 했다. 여성 명문 사학으로 일컬어지는 이화여대에 대한 공격이 바로 이러한 분위기의 연장선상에 있었다. 여대는 이화여대 말고도 많이 있었지만, 유독 이화여대가 이러한 공격의 최전방에 있었던 것은 엘리트주의와 페미니즘이 동일시되던 사회 분위기와 무관하지 않을 것이다.

그러나 《82년생 김지영》의 등장으로 이러한 분위기는 많이 완화되었다. 어쩌면 이 소설이 선풍적인 인기를 끈 이유가 페미니즘에 대한 평범한 여성들의 갈증 때문은 아니었을지. '차별'이라는 것이 뭔가 대단한 사회적 지위나 권력을 두고서만 제기할 수 있는 문제가 아니라, 일상 속 작은 불편함에도 제기할 수 있는 문제라는 사실을 이 소설이 말해준 것이다. 거기서 많은 여성은 자신들이 느끼던 막연한 고통을 설명할 언어를 찾을 수 있었다.

《82년생 김지영》의 주인공 김지영은 지극히 평범하다. 이 사회를 바꾸리라는, 혹은 남성과 동등한 지위에 올라서겠다는 야망을 가진 엘리트 여성도 아니다. 하루하루 성실하게 살아가는 소시민일 뿐이다. 선거권이 일시에 모든 사람에게 주어진 것이 아니라 처음에는 부자 남성, 그다음에는 평민 남성, 그다음에는 흑인 남성, 그다음에 여성에게 주어졌듯이, 페미니즘 역시 처음에는 엘리트 여성에게만 주어졌다가 서서히 평범한 여성들에게로 확장되는 경로를 밟아나가고 있다.

그런 점에서《82년생 김지영》은 한국 사회에 중요한 화두 한 가지를 던져준 것만은 분명하다. 엘리트 여성 중심의 페미니즘과 평범한 여성들을 위한 페미니즘이 어떻게 달라야 하는가에 대한 논의가 더 활발히 이루어질 수 있는 계기를 마련해준 것이다.

지금 여성들이 불만을 갖는 것 역시 이 문제와 관련이 깊다. 남성들은 '성평등이 이미 이루어졌다.'라고 주장하지만, 이는 극소수의, 매우 뛰어난 재능을 가진 예외적인 여성에 한해서만 그러하다. 지난 세기의 여성운동으로 인해, 적어도 극소수의 예외적인 여성에 대해서는 어느 정도의 기회가 허락되었다. 그러나 무려 2018년에도, 검찰 조직 내에서 남성 상급자가 여성 부하 검사에게 '넌 남자 검사의 0.5야.'라는 말을 했다는 증언이 나왔다. 이뿐인가. '여자 변호사는 남자 변호사보다 일을 두 배로 잘하거나 예뻐야 한다.'라는 어느 대형 로펌 대표의 발언이 문제가 된 것도 역시 최근의 일이다.

결국 그간 진전된 성평등이란, 남성에 비해 두 배 이상의 능력을 지닌, 매우 예외적이고 독보적인 여성의 경우에만 가능한 것이었다는 뜻이다. 그리고 남성들은 이 소수의 사례를 이야기하며 '봐, 여자도 능력만 있으면 출세가 가능하잖아. 그러니까 네가 출세를 못한 건 여자라서가 아니라 능력이 없기 때문이야.'라고 성차별을 부인해왔다.

하지만 《82년생 김지영》은 이러한 소수의 예외적인 여성의 존재가 성차별을 부인할 근거가 되지 못한다는 점을 강력하게 입증했다. 여성은 성차별을 극복하기 위해 남성보다 2배의 능력을 갖출 필요가 없다. 동등한 능력을 가진 남성에 비해 차별받았다면 그것이 바로 성차별이라는 사실을 《82년생 김지영》은 알려주었다. 그리고 이는 알게 모르게 모두가 조금씩 갖고 있던 '슈퍼우먼 콤플렉스'에서 여성들을 해방시켰다.

《나는 여경이 아니라 경찰관입니다》의 저자 장신모 역시 책에서 '여자라고 더 잘할 필요 없다.'라고 언급한 바 있다. 그만큼, '여자니까 더 잘해야 한다.'라는 압박은 노동 시장에 진출한 대부분의 현대 여성들이 느끼는 감정이기도 하다. 그중에서도 군대, 경찰, 법조계 등 남초 직업군에 진출한 여성들이 그러한 압박에 한층 더 심각하게 시달리고 있다. 이는 아직도 여성이라는 사실이 '핸디캡'으로 작용하고 있음을 입증한다. 여성이라는 핸디캡을 극복하기 위해서는 남성보다 더 잘해야 한다고 느끼는 것이다.

이런 여성들에게 《82년생 김지영》은 말해주었다. 여자라고 더 잘할 필요 없다고, 그리고 성평등을 주장하기 위해서 굳이 뛰어난 성취를 거둬야 하는 것도 아니라고. 바로 이 메시지에 여성들이 열광한 것이다. 이제 평범한 여성 대중을 위한 페미니즘은 이전의 것과 어떻게 달라야 하는지, 더 많이 논의해야 할 때이다.

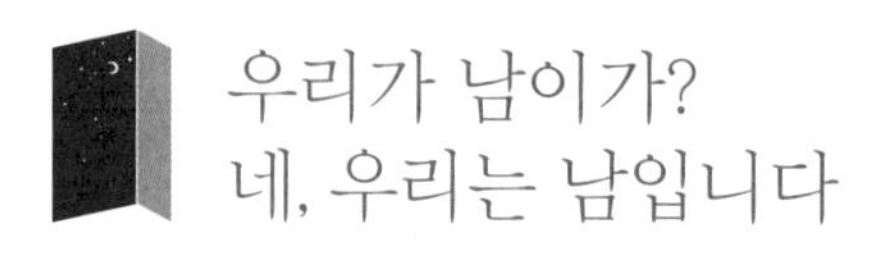

우리가 남이가?
네, 우리는 남입니다

가화만사성家和萬事成, 수신제가치국평천하修身齊家治國平天下 등 동양의 격언 중에는 가정을 사회와 동일시하는 것이 많다. 가정이 화목해야 만사가 잘되고 국가도 잘 다스려진다는 것이다. 그런데 아르바이트생들이 가장 꺼려하는 구인 광고가 '가족같이 일할 사람을 구합니다.'라는 것인 걸 보면 많은 한국인에게 가정이 그리 평화로운 공간은 아닌 모양이다.

아이러니하게도, 폭력이 심한 공간일수록 겉보기에는 평화로워 보인다. 군대에서 병영생활 만족도에 대해 설문조사를 하면 거의 대부분의 장병이 만족한다고 답변하는 것을 보아도 그렇다. 그래서인지 권력을 가진 사람들은 자신들이 속한 공동체의 평화 지수를 실제보다 높게 착각하는 경향이 있다. 부장들은 자기네 팀의 분위기가 좋다고 말하지만, 대부분의 경우 팀원들의 생각은 다른 것처럼.

이를 소설가 최은영은 〈당신의 평화〉라는 단편소설을 통해 이야기하기도 했다.• 소설 속의 딸 유진은 '서로서로 양보하고 그래야 가정이 평화롭지.'라는 아버지의 말에 '아……, 평화요.' 하고 읊조리며 집을 나선다. '평화'는 혼자서 달성할 수 없는 공동체적인 가치인데도, 막상 평화는 한 사람, 그 공동체에서 가장 강한 사람만의 것일 때가 많다는 사실을 '당신의 평화'라는 제목에서부터 짐작하게 된다. 슬프면서도 카타르시스가 느껴져 오래 기억에 남는 제목이다.

가정은 사회와 다르게 권력 투쟁이나 경쟁이 없는 사랑과 평화의 공간이라는 환상은 대체 누가 만든 걸까. 대부분의 가정에서 그렇게 느끼는 유일한 사람은 그 가정에서 가장 강한 아버지이다. 그런데도 남성 가장이 가정을 대표한다고 여기며 남성 가장만이 사회의 일원으로 인정받고 발언권을 획득하는 가부장제 사회에서는 남성의 입장이 곧 전체의 입장이요, 진실인 것처럼 기록된다.

가정과 사회를 동일시하는 가족국가적 모습은 모든 중세 국

• 《현남 오빠에게》에 수록.

가에서 발견된다. 기독교 전통의 서구 국가들은 교황을 아버지로 하여 모든 신민을 형제자매라고 여겼다. 가톨릭에서는 사제를 'Father', 그러니까 아버지라고 부른다. 유교 문화권의 동양 국가 역시 다르지 않았다. '군사부일체君師父一體'라고 하여 임금과 스승과 아버지를 하나로 섬겼으며, 왕을 국부國父, 왕비를 국모國母라고 하였다. 왕과 왕비를 정점으로 하여 온 백성이 하나의 가족이라는 인식을 갖고 있는 가족국가였던 것이다. 이런 사회에서 국가는 가정이 확대된 모습에 불과하다.

사랑과 평화라는 원리가 가정이라는 게토로 쫓겨나고 나머지 영역에서는 권력 투쟁을 인정하는 세속 국가가 나타난 것은 근대에 들어서서 이루어진 일이다. 여성학자 정희진은《아주 친밀한 폭력》이라는 저서에서, 근대 법치주의가 등장하면서 법치주의와 가부장제의 충돌을 막기 위해 공/사 구분이 시작되었다고 지적하기도 한다. 말하자면, 근대국가에서 가정은 중세적 원리에 의해, 가정 밖은 근대적 원리에 의해 지배되었다는 것이다.

그러나 서구의 침략에 의해 폭력적으로 근대화를 경험한 한국에는 사회 곳곳에 아직 중세적 요소가 남아 있다. 근대화 이전의 전통을 버리는 것은 서구가 동양보다 우월하다는 것을 자인하는 꼴인 것 같아 자존심이 상하는 모양이다. 그러나 따지고 보면 우리가 '동양 전통'이라고 생각하는 것도 동양만의 전통이 아니라, 모든 중세 국가에서 보편적으로 발견되는 모습인 경우가 많다.

많은 국가가 근대화를 지나 탈근대로 이행하고 있지만, 한국은 사실 근대화의 최소 요건인 '대통령 직선제'조차도 실시한지 오래 되지 않은 나라이다. 그런데 최근 선거 운동 경향을 보면 대통령 선거, 교육감 선거 등 각종 선거에서 후보자의 자녀들이 대리전을 치르는 양상이 발견된다. 가정을 잘 다스리는 사람이라면 국가도 잘 다스릴 거라고 생각하는 모양이다. 이런 면에서 한국은 아직도 중세적 가족국가의 면모를 많이 간직하고 있다.

하지만 공적 영역과 사적 영역을 분리하는 근대화를 성공적으로 이루어낸 서구 국가들에서는 1970년대 들어 래디컬 페미니즘이 등장하면서 '사적 영역의 정치화'가 시도되었다. 래디컬 페미니즘의 구호는 '가장 개인적인 것이 가장 정치적인 것이다.'로 대변되는데, 여성에게는 남성과 맺는 '사적' 관계가 국가와 맺는 공적 관계보다 더 근원적일 수 있다는 것이다.

래디컬 페미니즘의 등장 이후 비로소 가정은 다른 모든 공동체와 마찬가지로 권력 투쟁이 존재하는 공간으로 인식되었다. 근대국가는 국가 권력을 권력자의 자의에 맡기는 것이 아니라 그것을 나누고 견제함으로써 통제하려 한다. 남성들은 국가 권력을 두려워하여 그것을 셋으로 쪼개놓기까지 했으면서, 여성은 왜 남성 가장에 대해 같은 것을 요구하지 못하게 만드는가? 남성에게는 가장 두려운 존재가 국가 권력일지 몰라도, 여성에게는 그보다 두려운 존재가 남편과 아버지일 수 있다.

남성 진보 정치인들은 가정 폭력 문제를 제기하는 여성들에 대해 '큰 그림을 보라.'라고 하며 그것을 사소한 문제로 치부한다. 그러나 사적 영역의 정치화를 시도한 래디컬 페미니즘이 여타 서구 국가들에 비해서 한국에서 유독 큰 의미를 가질 수 있는 것은, 한국은 사적 영역뿐 아니라 공적 영역도 비슷한 원리로 운영되고 있기 때문이다.

다시 말해, 한국은 공적 영역의 권력분립과 통제가 제대로 작동하고 있지 못하다. 이는 가정과 국가를 동일시하는 유교적 가족국가의 이상에서 비롯된 측면이 크다. 남성 진보 정치인들은 사회주의를 학습하는 과정에서 탈식민 담론을 받아들였으며, 서구 국가들에 대해 적대적인 태도와 동시에 동양의 유산에 대한 긍정적 태도를 갖게 되었다. 그래서 한국은 아직까지 공적 영역에서 중세적 가족국가의 면모가 자주 발견된다.

한국의 대기업 오너는 기업을 마치 자신의 사적 소유물로 여기며 마음껏 탈세와 편법 증여를 하고, 직원들을 가신처럼 부린다. 또한 직원들을 아예 '삼성 가족' '롯데 가족'이라고 칭하기까지 한다.

그뿐인가. 법조계, 공직, 민간 대기업 등 소위 좋은 일자리는 혈연, 지연, 학연으로 똘똘 뭉쳐 서로를 밀어주고 끌어준다. 내부의 구성원으로 인식되면 각종 고급 정보와 은밀한 도움을 받을 수 있다는 장점이 있겠지만, 한편으로는 그 집단이 벌이는 폭력에 대해 침묵할 것을 강요받기도 한다. 이때 동원되는 논리가 바로 '우리가 남이가'이다. 피가 섞이지 않아도, 출신 지역이나 학교가 일치하면 바로 가족과 같다는 것이다. 사실상 한국의 모든 조직은 가정의 확대판이라고 할 수 있다.

가정은 사랑과 평화의 공간이라는 통념과 달리, '우리가 남이가'라는 명목하에 자행되는 일 중에는 끔찍한 폭력이 많다. 방산비리 문제를 고발한 영화 〈1급 기밀〉에서 장군은 부하 장교에게 자신의 비리에 동참할 것을 요구하며 '우리 가족이잖아.'라고 말한다. 그런데 이런 가족주의적 공간에서 끔찍한 일이 빈번히 일어나는 까닭은 권력자를 제어할 마땅한 수단이 없기 때문이다. 가정은 권력 다툼을 하는 곳이 아니라, '좋게좋게' 넘어가는 공간이라는 인식 탓이다. '좋게좋게' 넘어가자는 말은 권력자의 자의에 모든 것을 맡겨놓자는 뜻이므로 이런 곳에서 권력에 대한 비판과 견제가 제대로 이루어질 리 만무하다.

한국의 가족주의 문화와 한국의 부패지수가 1위인 것은 결코 무관하지 않다. '가족같이 일할 사람을 구합니다.'라는 구인 광고를 내건 사업장에서 일어나는 일은 대부분 임금 착취와 초과 근로이다. 그리고 이러한 착취에 대항하지 못하도록 피해자의 입을 막는 명분이 바로 '우리 가족이잖아.'라는 말이다. 비권력자의 시선에서 본다면 가정은 평화로운 공간이 아니라 그 어떤 곳보다 끔찍한 공간이다.

서구 국가들은 권력자에게 무제한의 권력을 주는 중세적 가족국가에서, 공적 영역에 제한적으로 권력분립의 원리를 도입하는 근대화로 이행한 후에 다시 사적 영역에까지 그 원리를 도입하였다. 이러한 흐름에 뒤늦게 참여한 한국의 경우, 꼭 서구와 같은 순서대로 이행할 필요는 없다. 지금 한국은 중세와 근대와 탈근대가 기묘하게 공존하는 나라이다. 따라서 먼저 래디컬 페미니즘을 통해 사적 영역의 정치화를 시도한 후에 이 여세를 몰아 공적 영역의 권력을 합리적으로 분배하는 방향으로 나아갈 수도 있겠다.

가족주의는 동양의 전통 유산이라는 관념 때문에 공적 영역에 합리적인 권력분립의 원리를 도입하기 어려운 한국의 특성상, 래디컬 페미니즘을 통해 가족주의에 먼저 균열을 내는 것이 공적 영역을 합리화하기 위한 효과적 방법일 수 있다. 가족주의에 균열을 내자는 것은 가정을 해체하자는 얘기가 아니다. 그보다도, 가족 내 구성원을 독립된 개인으로 인정하고 존중하자는 뜻이다. 가족 내의 구성원들이 남성 가장의 사적 소유물이 아닌 독립된 개인이라는 사실이 존중되고, 공적 영역에 그와 같은 원리가 정착된다면, 한국 사회는 보다 합리적인 사회가 될 수 있을 것이다.

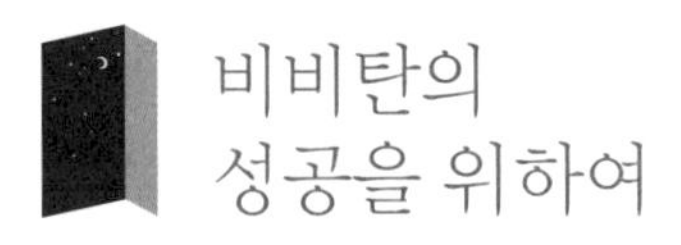

비비탄의 성공을 위하여

최근 온라인 여성 커뮤니티를 중심으로 '비비탄'이라는 말이 유행하고 있다. '비혼 비출산 탄탄대로'라는 말의 줄임말인데, 비혼 비출산이 여성 개인의 삶의 질 향상에 도움이 될 뿐만 아니라 가부장제를 무너뜨리는 효과적인 도구가 될 수 있음을 암시하는 말이다. 비혼 비출산은 특히 젊은 여성층을 중심으로 한 커뮤니티에서 뜨거운 주제이다.

나 역시 비혼, 비출산, 비연애, 비섹스의 4B를 결심한 사람으로서, 이러한 주제에 큰 관심을 두고 지켜보고 있다. 그러나 비혼 비출산만 하면 가부장제가 저절로 무너질 거라는 주장에는 의구심이 든다. 여성 개인이 아무리 그런 삶을 원한다 할지라도, 제도가 그것을 보장해주지 않으면 극소수의 전문직 여성을 제외하고는 실제로 그런 삶을 살기 어려울 것이기 때문이다.

기혼 여성들은 비혼 여성들이 생각하듯 그렇게 바보가 아니다. 비혼 비출산을 하기 위해 필요한 경제, 사회적 구조의 개혁을 논의하지 않고 마치 그것이 여성 개인의 의지만으로 실천할 수 있는 것처럼 이야기하게 되면 그것은 기혼 여성에 대한 비하와 혐오로 이어지게 된다. 실제로, 기혼 여성은 가부장제에 부역하고 있기 때문에 페미니즘 진영에서 기혼 여성 의제는 다룰 필요가 없다는 지나친 주장을 하는 이들도 있다.

기혼 여성들이 결혼을 하게 된 이유는 제각기 다를 것이므로 여기서 일률적으로 말하기는 어렵다. 그러나 분명한 것은 지금의 경제, 사회적 구조가 비혼으로 생존하는 것을 극히 어렵게 만들고 있기 때문에 어쩔 수 없이 그런 선택지에 내몰린 여성도 많으리라는 점이다. 이러한 위협은 10대, 20대 여성에게는 크게 와닿지 않는 문제일 수 있다. 그러나 결혼 적령기가 다가올수록 이러한 압박은 점점 거세지게 되며, 30대가 되면 다른 선택지가 없는 상황에 내몰릴 수도 있다. 그리고 지금의 경제, 사회적 구조가 변하지 않는다면 이런 상황은 10대, 20대 여성이 마주할 미래이기도 하다.

여성이 비혼 비출산으로 살아가기 위해서는 생계를 해결할 직업을 가져야 한다. 그러나 남성 일자리와 여성 일자리의 분화가 뚜렷하고, 여성 일자리 대부분이 비정규직, 하청인데다가 승진 가능성이 별로 없고, 위기가 닥치면 '남편한테 의지하면 되잖아.'라는 구실로 가장 먼저 해고되는 지금의 상황에서는 헤쳐나가기가 쉽지 않다. 여성할당제도 중요하지만, 윗자리에 여성 몇 명을 할당하는 정도로는 대다수 평범한 여성이 느낄 변화가 크지 않다.

여성 노동이 이와 같은 처지에 놓이게 된 것은 여성의 노조 가입을 어렵게 만드는 현행 노동법 때문이다. 한국의 노동법은 노조를 기업 외부가 아닌 내부에 두도록 규정하고 있는데, 이는 기업의 이해관계에 의해 변질된 형태의 노조로 흐를 가능성이 있고, 그래서 대부분 국가의 노조 형태는 그렇지 않다. 우리나라보다 노동운동의 역사가 훨씬 긴 서구 국가들에서는 노조를 개별 기업이 아닌 산업 분야별로 조직하고 있으며, 이들 산별 노조에 협상권이 주어진다.

한국 역시 출발은 비슷했다. 노동운동 자체가 불법이던 시절, 최초로 동맹 파업을 일으킨 이들은 구로공단에서 일하던 여공들이었다. 구로동맹파업으로 불리는 사건인데, 당시 여공들은 개별 기업의 이해관계를 넘어 동종 산업에 종사하는 노동자로서 연대했다. 이러한 투쟁에 힘입어 노동운동이 합법화되고 노동법이 제정되었지만, 이 과정에서 남성 노동운동가들은 공을 세운 여성들을 배제하고 기업들이 내민 '기업별 노조'라는 타협

안에 수긍하고 만다.

당시 전국경제인연합회(전경련)에서 세계적으로 유례가 없는 '기업별 노조'라는 타협안을 내민 것은, 노조를 기업 내부에 두게 되면 노조 간부들을 구슬리는 형태로 노조를 발밑에 두고 통제할 수 있으리라는 계산 때문이었다. 그 후의 전개 방향을 보면 전경련의 이러한 예측은 정확히 들어맞았다. 노조를 기업 내부에 두게 하자, 일부 대기업을 빼고는 노조를 조직하기 어렵게 되었다.

이 때문에 한국의 노조 조직률은 기업 규모에 따라 극명한 차이를 보이게 되었다. 법적으로 근로자 수 500명 이상인 기업을 대기업이라 하는데, 이 경우 노조 조직률이 약 80퍼센트에 이른다. 고용노동부의 발표에 따르면, 2017년을 기준으로 300명 이상 사업장에서의 노조 조직률은 57.3퍼센트, 100~299명 규모에서는 14.9퍼센트, 30~99명 규모에서는 3.5퍼센트, 30명 미만 규모에서는 0.2퍼센트였다. 비정규직은 더 말할 것도 없다. 현재 비정규직의 노조 조직률은 약 2퍼센트에 불과하다.*

정작 노조가 필요한 열악한 일자리에 있는 사람들은 노조에

* 양우람 기자, 〈[조돈문 한국 비정규 노동센터 공동대표] "비정규직 자회사 고용은 사회적 낭비, 정규직 노조 계급 정체성 따라야"〉, 《매일노동뉴스》, 2018. 06. 25.

가입조차 하기 어려운 형편인 것이다. 2017년 기준으로 한국의 전체 노조 조직률은 약 10.7퍼센트에 머물러 있다. 하지만 서구 국가들의 경우 상황이 전혀 다르다. 노동조합의 역사가 오래된 북유럽 국가들의 경우 노조 조직률이 80~90퍼센트에 이른다. 이를 보면 한국의 노조 형태가 일반적이지 않음을 알 수 있다.

이러한 문제가 성별 문제일 수밖에 없는 까닭은 여성의 경우 노조 가입이 가능한 대기업에 취직하는 것부터가 어렵기 때문이다. 2018년, 채용 과정에서 여성을 차별한 대기업의 사례가 다수 발표되었다. 이러한 꼼수까지 쓴 결과, 2018년 한국경제연구원의 발표에 따르면 대기업 직원 중 여성 비율은 24퍼센트라고 한다. 이나마도 기업의 규모가 커질수록 점점 줄어든다. 또한 입사하더라도 비정규직인 경우가 많아 노조에 참여해 자신의 권익을 주장하기 상당히 힘든 구조이다. 2018년 여성의 비정규직 비율은 약 41.2퍼센트로 남성에 비해 약 14.9퍼센트 포인트 높았다.*

여성이 임신과 출산으로 인해 경력 단절을 경험하게 되는 것 역시 대부분의 여성 일자리가 중소기업, 비정규직인 것과 무관

* 장민권 기자, 〈[통계로 보는 여성의 삶] 女 비정규직 비율 41.2%...남성보다 14.9%p ↑〉, 《파이낸셜뉴스》, 2018. 07. 02.

하지 않다. 이들 일자리에는 노조가 없기 때문에 여성 노동자들이 자신들의 권익을 주장하기 힘든 것이다. 한 번 경력이 단절되고 나면 여성의 임금은 반 토막으로 줄어들게 되며, 저임금으로 살기 어려워진 여성들은 대기업, 정규직 일자리를 가진 남성과의 결혼을 선택하기도 한다.

그렇다면 과연 남성들이 여성보다 많은 임금을 받는 구조는 정당한가? 그렇지 않다. 대기업 정규직이 받는 월급 속에는 본래 중소기업에 정당하게 돌아가야 할 몫을 가로챈 것의 일부가 포함되어 있다. 하청업체 노동자들은 노조를 조직하기 어렵기 때문에 임금 협상력이 약하고, 이 사실을 아는 대기업은 납품 단가를 한껏 후려치게 된다. 그리고 이 중 일부를 자신의 노동자들과 공유하는 방식으로 자신들 기업 노조의 반발을 봉쇄한다. 그래서 한국은 서구 국가들에 비해 남녀 임금 격차도 크지만, 대기업-중소기업 간 임금 격차도 크고, 정규직-비정규직 간 임금 격차도 크다.

대부분의 서구 국가에서는 비정규직이 단지 근로 기간의 차이일 뿐, 똑같은 일에 대한 임금이 낮은 것은 아니다. 오히려 비정규직은 고용이 불안정하기 때문에 더 높은 임금을 받아야 한다는 주장도 있다. 그러나 한국이 여타 국가들에 비해 임금 격차가 심하고 비정규직 차별이 심한 까닭은 열악한 일자리를 가진 이들의 협상력이 약하기 때문이다. 임금은 시장논리뿐 아니라 정치에 의해서도 결정된다.

남성의 임금이 높은 것은 위험 노동을 부담하기 때문이라는 항변도 있지만, 정작 여성 차별이 심하고 임금이 높은 직업군은 육체노동이 적은 사무직이라는 점에서 근거 없는 이야기이다. 산업재해를 입은 노동자 대다수가 남성이라는 통계 자료 역시 남성의 높은 임금을 합리화할 근거로는 부적절하다. 노조가 없는 사업장에서는 산업재해가 발생한다 해도 인정받고 보상받기가 현실적으로 쉽지 않기 때문이다.

한 달 벌어 한 달 먹고사는 처지에서는 산업재해를 입증받기 위해 고용주와 길고 긴 법정 싸움을 할 여력이 없다. 더군다나 노조의 도움조차 받지 못한다면 훨씬 어려운 싸움이 된다. 조금 보상받자고 문제를 제기하다 그나마 지금의 일자리조차 잃을 수도 있고, 소송을 한들 확실히 보상을 받으리라는 보장도 없다. 이런 현실 속에 열악한 일자리에 종사하는 여성들은 산업재해가 일어나도 혼자 참을 수밖에 없게 된다. 노동운동이 남성에게 유리하게 전개된 까닭에, 여성은 산업재해 통계에 끼지도 못한 것이다. 그만큼 여성의 노동 환경은 열악하다.

골프공에 맞아 빈번하게 골절상을 입는 골프장 경기 보조원(캐디)의 경우 업무 내용은 일반적인 근로자와 다를 바 없지만 법적으로는 근로자가 아닌 개인 사업자 신분이기 때문에 산업 재해에 대한 보상을 받을 수도, 통계에 잡히지도 않는다. 식당에서 일하는 여성 노동자들 역시 근골격계 질환으로 흔하게 수술을 받지만 대부분 소규모 사업장에 근무하는 탓에 사비로 해결하고 있다. 콜센터에 근무하는 여성들 역시 고객의 폭언으로 우울증, 자살 등의 정신질환을 경험하지만 남성이 겪지 않는 일이기에 노동운동 진영에서는 이런 주제에 관심을 기울이지 않는다.

여성이 열악한 일자리에 종사한다는 것은 단지 불안정하고 낮은 급여를 받게 된다는 것만을 의미하지 않는다. 여성 일자리가 불안정하고 급여가 낮은 이유는 여성을 대변할 노조가 없기 때문이며, 이는 여성이 직장에서 성희롱이나 강간을 경험하더라도, 혹은 산업재해를 당하더라도 제대로 된 도움을 받기 어렵다는 뜻도 된다. 여성 일자리의 질은 점점 더 열악해지고 일하는 여성들은 점점 더 많은 위험에 노출되고 있다. 이러한 위험을 피해 결혼에 안주하게 되는 것에 대해 여성 개인만을 탓할 수 있을까?

여성 개인이 비혼 비출산을 선언한다고 하여 갑자기 대기업에서 여성을 뽑는 것도 아니고, 승진시켜주는 것도 아니다. 그러므로 중요한 것은 여성이 자신의 권익을 주장할 수 있는 기반을 만드는 것이다. 이를 위해 여성이 노조에 참여할 수 있도록, 노조의 형태를 기업별이 아닌 산별로 전환할 것이 요구된다. 전체 근로자 중 대기업 종사자는 극히 일부이고, 근로자의 80퍼센트는 중소기업에 종사한다. 이들이 산별 노조라는 형태로 대기업 노동자들과 함께 노조 활동을 하게 된다면 동일노동 동일임금 원칙이 관철되어 대다수의 비정규직의 처우를 개선할 수 있다. 현재 비정규직의 대다수가 여성이므로 여성이 큰 수혜자가 될 수 있다.

가족임금 이데올로기와 연공서열제

2017년 보건사회연구원에서 저출생 대책이랍시고 고학력 여성의 하향 결혼을 유도해야 한다는 주장을 내놓아 국민을 충격에 빠뜨린 사건이 있었다. 물론 국가가 개인의 결혼까지 강요할 수 있다는 인식도 문제지만, 여기서 또 한 가지 드는 의문은 저출생 대책이 왜 꼭 '결혼'이어야 하는가 하는 것이다. 다시 말해, 아이는 왜 결혼한 부부 사이에서만 태어나야 하느냐는 것이다.

저출생이 문제라면 비혼모 지원을 통해서도 이를 해결할 수 있다. 이미 많은 서구 국가들은 비혼모 지원을 통해 저출생을 극복했다. 이 사례들을 연구원이 모를 리 없었을 것이다. 그런데도 왜 한국은 저출생 대책으로 '결혼'만을 부르짖는가? 그것은 현재 한국의 모든 고용, 세금, 복지 제도가 기혼 유자녀 부부를 중심으로 짜여 있기 때문이다. 국민의 삶의 양식이 달라졌다면 정책도 바뀌어야 하는데, 그것을 귀찮아하는 관료들이 이전의 제도에 국민들을 억지로 끼워 맞추려 하고 있다.

한국은 고용, 세금, 복지 면에서 아직까지 '가족임금 이데올로기'가 작동하는 나라이다. '가족임금 이데올로기'는 산업화 초기 나타났던 모습인데, 당시엔 온 가족이 하나의 일터에 나가 함께 일을 하고, 가족 전체의 임금을 남성 가장 한 사람에게 몽땅 주었다. 그러다 아동 노동이 금지되면서 아내와 아이들은 일터에서 자취를 감췄지만, 가족의 생계를 유지할 임금을 남성 노동자에게 주어야 한다는 '가족임금 이데올로기'는 유지되었다. 여성은 집 안에서 남성의 노동을 떠받치는 비임금 노동을 수행하고, 그 대가를 남성 가장에게 받게 된 것이다.

한국은 가족임금 이데올로기가 여전히 강하게 작동한다. 기업들이 여성 고용을 꺼리는 이유도 그 때문이다. 여성이 가정 내에서 비임금 노동을 추가로 수행할 것으로 생각하기 때문이다. 남성 노동자는 가사노동 전반을 여성에게 의탁하여 더 늦게까지 일할 수 있다고 보기 때문에 기업은 남성 노동자를 적극 고용하려 한다. 그러므로 남성의 능력이 뛰어나서 높은 임금을 받는다고 말해서는 안 된다.

최근 가족임금 이데올로기에도 균열이 생기고 있다. 최근 중공업 도시 거제의 비극이 연일 언론에 오르내렸다. 남성 가장 한 명의 임금으로 온 가족이 먹고살기에 충분했던 도시, 그래서 여성의 대부분이 전업주부였던 이곳의 산업이 몰락하면서 남성 노동자들은 일자리를 잃고, 여성들이 생계를 위해 식당 노동자로 나서게 되었으나 그조차도 일자리를 구하기가 힘들었다고 한다. 산업구조가 변하고 있는데도 거기에 맞춰 고용과 복지 제도를 개선하지 못한 정부의 책임이 일차적으로 크다.

한국 대부분의 일터, 특히 그중에서도 좋은 일터는 아직까지 연공서열제를 바탕으로 하고 있다. 신입사원으로 들어와 시간이 지나면 들어온 순서대로 승진하고 연봉도 가파르게 높아지는 식이다. 한국은 신입사원 채용도 대개 시기를 정해 놓고 일괄적으로 진행한다. 그래서 함께 들어온 이들은 이후 입사 동기로서 끈끈한 관계를 유지하게 된다. 그러나 대부분의 서구 국가에는 '입사 동기'라는 말 자체가 없다고 한다. 인력이 필요할 때 수시로 채용하기 때문이다.

한국에서 정규직과 비정규직의 임금 차이가 큰 것 역시 연공서열제의 영향이 크다. 정규직은 연차가 쌓이면서 임금이 가파르게 상승하는데 비정규직은 경력을 인정받지 못해 임금이 그 자리를 맴돌기 때문이다. 이 차이는 햇수를 거듭할수록 크게 벌어지게 된다. 한국 여성들의 경력 단절이 심한 것도 이 때문이다. 한 기업에서 오랫동안 일한 사람만이 승진할 수 있는 구조 때문에 잠시라도 출산휴가나 육아휴직 등으로 자리를 비우면 승진 루트에서 배제되고 해고 혹은 퇴사의 수순을 밟게 된다.

몇 년 자리를 비웠다고 그 이전에 10년 이상 쌓아온 경력을 인정받지 못하게 된다는 것은 너무 가혹하기도 하거니와 사회적으로 볼 때 비경제적이기까지 하다. 한국 여성의 평균 첫아이 출산 연령은 30세이다. 그러니까 20여 년을 교육받고, 10여 년을 일터에서 경력을 쌓는 셈이다. 그런데 잠깐의 육아휴직으로 30여 년을 학습한 역량이 온데간데없이 사라지는 현실을 어떻게 이해해야 할까. 이것만 봐도 연공서열제가 얼마나 남성에게 유리한지를 확인할 수 있다. 사실상 남성 가산점이나 다르지 않다.

승진할수록 임금이 가파르게 높아지기 때문에 노동자는 다들 승진에 목을 맨다. 한창 연애하고 가정을 꾸리고 놀러 다니고 자기계발할 젊은 시절을 온종일 회사에서 보낸다. 하지만 그렇게 승진했을 때 과연 높은 임금만큼 제대로 일을 하는가? 그렇지는 않은 듯하다. 한국의 직장에서는 직급이 올라갈수록 대부분 여유로워진다. 이들의 높은 임금은 현재 일하는 데 대한 대가라기보다는, 젊은 시절을 직장에 헌신한 대가인 셈이다. 젊은 노동자들은 이런 미래를 바라보며 현재의 낮은 임금을 견디고 직장에 헌신한다.

하지만 헌신하는 모든 노동자가 그와 같은 삶을 누릴 수 있는 것은 아니다. 윗자리는 제한되어 있기 때문이다. 오랜 시간 헌신한 노동자 대다수가 그에 대한 정당한 대가를 받지 못하는 체제, 낮은 확률로 도달하게 될 미래를 담보로 수십 년의 헌신을 요구하는 체제가 과연 정당한가? 연공서열제는 여성에게 지나치게 가혹하고 부조리하기도 하지만, 높은 자리에 올라가지 못할 대다수 남성 노동자에게도 그러하다.

연공서열제 역시 '가족임금 이데올로기'를 기반으로 작동한다. 직급이 올라갈수록 임금이 가파르게 상승하는 것도 그 때문이다. 가족을 먹여 살려야 하기 때문이다. 현재 세금 체제 또한 여기에 기반을 두고 있다. 기혼 유자녀 부부에게 주어지는 각종 소득공제 혜택이 그러하다. 한국은 여타 국가들에 비해서 유난히 근로자에게 주어지는 소득공제 혜택이 많다. 곧 폐지된다고는 하지만 부양 의무자 제도 또한 가족임금 이데올로기에 바탕을 두고 있다. 가족의 생계를 부양할 돈을 남성 노동자가 벌어오면 된다는 논리이다.

이처럼 한국의 고용, 세제, 복지 제도는 사실 전부 남성 임금근로자와 여성 전업주부 모델을 기반으로 하여 작동한다. 그렇기 때문에 여기서 벗어난 사람들은 자녀를 낳을 엄두를 내지 못하고, 통계적으로 아이가 기혼 부부에게서만 태어나는 것을 확인한 관료들은 국민들을 결혼시키려는 정책을 추진한다. 아이가 기혼 부부에게서만 태어나는 것은 현재의 정책이 의도한 결과이지만, 이들은 결과를 원인으로 도치시켜 결혼 제도를 더욱 강화하고 있다.

이러한 제도가 여성에게 얼마나 불평등한 구조인가 하는 문제는 차치하고서라도, 이제 경제구조가 이러한 이데올로기를 뒷받침할 수 없는 상황이 돼버렸다. 가족임금 이데올로기를 대표하던 거제 조선소의 상황만 보아도 그렇다. 전 세계적으로 자본의 이동이 자유로워지고 더욱 빨라진 지금, 그 어떤 기업도 수십 년 후의 미래를 노동자에게 약속해줄 수 없다. 미래를 담보로 저임금에 헌신을 요구하던 직장 문화와 고용 제도 또한 변화할 수밖에 없다. 사람들이 결혼하지 않고 자녀를 낳으려 하지 않는 것도 지금 다니는 직장이 수십 년 후의 미래를 약속하지 않기 때문이다.

이제 한국의 고용 제도와 복지 제도는 개인을 중심으로 전면적으로 개편되어야 한다. 한 기업에서 오래 일한 사람만이 승진하는 연공서열제를 바꿔야 한다. 한 기업에서 오래 일한 사람만이 승진할 수 있는 시스템은 조직 주요 책임자의 시야를 좁게 만들어 잘못된 결정을 내리게 만들기도 한다. 한국의 똑똑한 인재들이 모인 커다란 조직에서 간혹 말도 안 되는 결정을 내리는 이유가 여기에 있다. 합리성보다 조직 내부 논리에 의해 결정되는 경향이 클 뿐 아니라 동료들과의 경쟁을 뚫고 승진한 사람에게 과도한 권한이 주어지기 때문에 이를 견제할 수단조차 없다.

한 조직에서 오래 일한 사람보다는 여러 조직을 거치며 경력을 쌓은 사람이 조직의 주요 책임자가 될 때, 여성의 경력 단절 리스크는 줄어들 수 있다. 뿐만 아니라 조직의 폐쇄성이 줄어들어 성희롱이나 갑질 문제도 줄어들 수 있다. 또한 한 조직에서 오래 일하기보다는 다양한 경험을 쌓기 원하는 젊은 세대의 성향에도 이러한 제도가 더 잘 맞는다. 문제는 가족임금 이데올로기에 기반을 둔 복지 제도이다. 국가는 복지 제도를 개인을 중심으로 전면적으로 짜야 하고, 국민이 자유롭게 이직할 수 있도록 중간에서 탄탄한 실업 급여와 재취업 교육을 제공해야 한다.

연공서열제는 한국, 일본과 같은 대표적인 후발 자본주의 국가에서 나타나는 임금 체계로서 서구 국가 대부분의 임금 체계는 그렇지 않다. 연공서열제가 작동하는 대표적인 업종인 조선업이 쇠락한 원인을 연구한 양승훈은 연공서열제가 하청 노동자들과 그 가족을 배제하고 소득 격차를 만드는 방식으로 유지될 수 있었다고 지적한다. 연공서열제는 남녀 격차도 유발하지만, 남성 노동자 간의 격차도 유발하는 것이다. 이러한 국민 간의 격차는 한국 산업화의 그늘로서, '경제가 성장하고 나면 그 결실을 국민과 함께 나누겠다.'라는 당시의 약속을 이제는 지켜야 한다. 양승훈은 산업화가 상당 부분 진전된 한국의 상황에서 연공서열제가 성장을 가로막고 있다는 점을 함께 지적한다.

세계은행은 그간 많은 연구를 통해 성별 노동 분업과 이에 따른 불평등이 경제성장과 빈곤감소를 저해한다는 사실을 밝혀냈다.• 이는 선진국의 개발 원조를 받은 개발도상국들을 연구하다 나온 결론으로, 급격한 경제성장을 이룬 한국에 시사하는 바가 특히 크다. 한국의 급격한 경제성장 과정과 OECD 1위의 성격차性隔差는 매우 밀접한 관련이 있다. 한국은 남녀 성격차를 유발하는 성별 노동 분업을 통해 경제성장을 이룩했으며, 중진국에 올라선 지금 더 이상 같은 방법으로는 도약할 수 없다는 한계에 직면해 있다.

따라서 이제 성장의 패러다임이 변해야 하며, 성평등이 그 대안이 될 수 있다. 고용, 세금, 복지 제도를 성격차를 줄이는 방향으로 새롭게 정비하는 것이 한국 경제의 새로운 성장 동력이 되어줄 것이다. 이와 함께 고용과 연계되지 않는 복지 제도

• 이화여자대학교 한국여성연구원 기획, 이재경 엮음, 《국가와 젠더》, 한울, 2010, 179쪽.

인 기본소득 도입도 논의해보아야 한다. 고용의 기회가 남성에게 더 많이 주어지고 있는 현실에서, 복지 제도가 고용 제도와 연계되면 정작 복지가 더욱 필요한 여성이 복지에서 소외되는 문제가 발생한다. 그러나 고용과 관계없이 누구나 누릴 수 있는 복지 제도인 기본소득에서는 이런 문제가 발생하지 않아 여성에게 더 많은 혜택이 돌아간다는 점이 이미 다른 연구를 통해 입증되어 있다. 한국에서도 일부 지역에서 기본소득이 실험된 바 있는데 앞으로 더욱 확대되길 바란다.

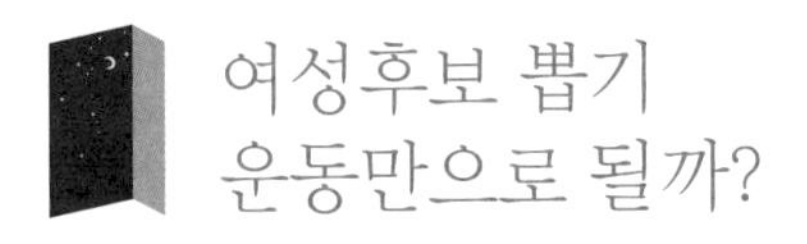

여성후보 뽑기 운동만으로 될까?

2018년 6월 지방선거에서 일부 여성들이 여성 후보 뽑기 운동을 전개했다. 정당을 가리지 말고 오직 여성 후보에게만 투표하자는 것이다. 나는 이 현상을 매우 고무적으로 보았다. 드디어 한국에도 근대적 계급 정치의 싹이 트고 있구나 싶었던 것이다. 사실 각 계급이 자신의 이해관계에 맞는 정당 혹은 후보에게 투표하는 '계급 투표'는 근대 정치의 기본 원리이다. 그러나 근대로의 이행을 성공적으로 이뤄내지 못한 한국에서는 그간 사실상 계급 투표가 이루어지지 않았다.

유교 문화가 많이 남아 있는 한국에서는 내 이익을 생각한다는 것 자체를 나쁘게 바라보는 경향이 강하다. 그리하여 정치에서 계급별 이해관계가 제대로 다뤄진 적이 없다. 본디 정치란 다양한 이해관계를 조정해나가는 과정인데, 이를 생략하면 그것을 정치라 부를 수 있는가?

사실 그동안 한국 사회에서 정치는 실종된 것이나 마찬가지였다. 그간 한국 정치는 특정 정치 지도자를 교조적으로 숭배하는 등 지도자 개인의 카리스마에 크게 의존했으며, 이런 점에서 근대국가라기보다는 유사 종교국가와 비슷했다. 대한민국 대통령 대부분의 말로가 비참했던 것도 이와 관련 있을 것이다. 국민이 대통령에게 인간의 능력 이상을 기대했기 때문이다. 국민들은 대통령이 모두를 만족시키는 해답을 찾아낼 것이라 믿었으며, 이런 의식하에서는 계급 정치가 시도될 수 없었다.

하지만 이제 유권자가 자신의 이익을 생각하여 자신이 속한 계급의 대표자에게 투표하는 것을 고려하기 시작했다는 점에서, 나는 한국 정치가 크게 발전하고 있다고 본다. 하지만 이런 움직임이 여성의 대표성을 강화하는 소기의 목적을 달성할 수 있을 것인지에 대해서는 의문이다. 그것은 현재 한국의 선거 제도 때문이다.

현재 한국은 국회의원 299명 중 253명을 지역구 선거를 통해, 그리고 47명을 정당 비례대표제를 통해 뽑는다. 정당정치의 전통이 오래된 나라에서는 전체 국회의원 중 절반을 비례대표제를 통해 뽑기도 하지만, 한국은 정당 정치의 전통이 강하지 않기 때문에 지역구 선거를 통해 훨씬 더 많은 국회의원을 선출하고 있다.

그런데 지역구 선거는 지역구별로 단 1명의 대표자만을 선출하는 소선거구제를 채택하고 있다. 자신이 표를 준 후보가 낙마하면, 그 표는 사표死票가 되는 셈이다. 이런 선거 제도는 너무 많은 표를 사표로 만들어 국민의 의사를 왜곡한다는 단점이 있다. 또한 승자에게 모든 권한을 몰아줌으로써Winner takes all 국민의 정치 갈등을 심화한다는 단점도 있다. 이런 선거구제하에서는 소수자의 대표가 나오기 어렵다. 그렇기 때문에 이러한 선거구제를 다수대표제라 부르기도 한다.

여타 국가에서는 선거구의 크기를 조금 크게 만드는 대신 하나의 선거구에서 여러 명의 후보를 선출하는 중·대선거구제를 취하기도 한다. 이러한 제도에서는 1등뿐 아니라 2등 혹은 3등을 한 사람도 의석을 확보하게 되어 사표가 줄어들 뿐 아니라 소수자를 대표하는 사람이 당선될 가능성이 커진다.

우리나라의 선거제도는 소선거구제를 기본으로 한다. 여성의 이익을 최우선에 두려는 일단의 여성들이 있긴 하지만 전체 인구 중 비율을 볼 때 소수이기 때문에 이들의 시도가 성공하긴 어렵다. 여전히 남성이 대표가 되는 것이 더 적절하다고 보는 사람이 많기 때문이다. 아울러 소선거구제하에서는 1등을 하지 않으면 아무것도 의미가 없다. 여성 후보에게 던지는 표가 사표가 되지 않기 위해서는 선거구제를 소선거구제에서 중·대선거구제로 바꿀 필요가 있다.

또한 선거 제도에서 여성할당제를 생각해볼 수 있겠다. 현재 국회의원 선거에서 지역구 선거의 경우 여성 30퍼센트 이상 공천, 비례대표의 경우 여성 50퍼센트 이상 공천을 규정해놓고 있긴 하지만, 불이행 시 제재 수단이 없어 권고 조항에 머물고 있는 형편이다. 서구 주요 국가가 여성 할당을 넘어 남녀동수제로 나아가고 있는 상황을 보면 여성 30퍼센트 이상 공천도 시대에 뒤떨어진 처사이다. 그러므로 여성의 대표성 강화를 위해서는 선거법 위반 시 제재 조항을 삽입함으로써 여성할당이 강제력을 갖출 수 있도록 해야 한다.

지역구 선거의 경우 공천을 받는다고 하여 반드시 당선되는 것도 아니며 당내 입지가 약한 여성이 당선 가능성이 희박한 지역에 출마하도록, 이른바 험지 출마를 하도록 요구받을 가능성이 크기 때문에 지역구 후보의 30퍼센트 이상을 여성으로 공천하도록 한다 한들 여성 대표성 강화로 이어지리라는 보장도 없다. 여성 할당도 중요하지만, 여성 후보가 당선될 수 있도록 선거구제를 개혁하는 일이 훨씬 더 절실하다.

한편 소수자의 대표성 강화를 위해 비례대표제 확대를 주장하는 사람들이 있으나, 나는 여기에는 찬성하지 않는다. 왜냐하면 한국의 정당은 이념에 기반을 두고 있지 않을 뿐만 아니라 정당 정치의 기반이 튼튼하지 못하고, 정당의 운영에 국민이 적극 참여하고 있지도 못한 형편이기 때문이다. 한국의 정당은 계급을 기반으로 아래로부터 조직되기보다는 유명 인사를 중심으로 위로부터 조직된, 특정 정치인의 사조직 성향이 짙기 때문에 자칫 비례대표제를 확대했다가는 정당 내의 여성 정치인들이 정당의 남성 대표에게 종속될 수 있다. 정당에 대한 민주적 통제가 제대로 이루어지지 못하고 있는 상황에서 비례대표제를 확대하는 것은 위험하다. 따라서 여성의 대표성 강화는 중·대선거구제로의 개편과 여성 할당이 강제력을 갖추도록 하는 방식으로 이뤄지는 편이 좋다고 본다.

남성들은 여성들이 성을 이용해 엄청난 할당을 받고 있는 것처럼 상상하지만, 사실 한국에서 실시되고 있는 여성할당제는 이것뿐이며 이마저도 강제력이 없어 있으나마나 한 수준이다. 한국에서 성 할당을 통해 이득을 보고 있는 이들은 여성이 아닌 남성이다.

현재 신규 공무원 채용에서 양성평등 채용 목표제를 실시하고 있는데, 2016년 행정자치부의 발표에 따르면 2010년부터 2015년까지 6년간 지방공무원 7·9급 공개경쟁채용 시험에서 양성평등 채용 목표제 적용을 받아 추가 합격한 사람은 616명인데 이 중에 남성이 458명(74.35%)으로 여성 158명(25.64%)보다 3배가량 많았다고 한다. 그리고 이러한 추세는 점점 강화되어 2010년경에는 추가합격자 중 남성의 비율이 약 절반가량이었던 데 비해, 2015년에는 80퍼센트를 넘어섰다고 한다.•

여성할당을 넘어 사회 각 분야에서 남녀 성비를 맞추려는 시도가 전 세계적 추세이기는 하다. 그러나 이런 정책은 여성할당을 통해 여성 대표성을 어느 정도 확보한 국가에서나 시행할 수 있는 것이다. 한국은 아직 여성할당제조차 시행하지 못해 여성 정치인이 극히 적으며, 민간 기업으로 가면 임원의 여성 비율이 전멸에 가까운 수준이다. 여성 고위직이 이렇게 적은데 일반 여성의 상황이 더 나을 리 없다. 한국의 여성 고용률은 아직 50퍼센트 수준이다. 대부분의 민간 기업이 여성을 고용하길 꺼리기 때문이다.

남성과 동등한 학력을 가진 여성이 갈 곳은 공직뿐이다. 공직은 필기시험으로 선발하기 때문에 여성의 장벽이 없는 거의 유일한 분야이며, 그렇기에 남성에 비해 여성이 훨씬 더 많이 도전한다. 이러한 특수한 사정을 감안하지 않고 공직에 한정하여

• 김봉수 기자, 〈공무원 양성평등채용, 남성이 여성보다 혜택 더 본다〉, 《아시아경제》, 2016. 08. 12.

여성할당도 아닌, 양성평등 채용 목표제를 실시하면 안 그래도 가뜩이나 낮은 여성 고용률을 더 떨어뜨리게 될 뿐이다. 여성 고용에 앞장서야 할 국가가 오히려 여성 고용률을 더 낮추는 셈이다.

서구 국가들은 여성할당제를 넘어서 남녀동수제 등 성비 균형을 맞추려는 방향으로 나아가고 있지만, 한국의 상황을 보면 여성할당제가 먼저 필요하다. 공직뿐만 아니라 사기업도 적극 여성할당을 시행해야 한다. 정부가 여성할당을 유도할 방법은 얼마든지 있다. 정부의 여성할당 프로젝트에 적극 동참하는 기업에게 정부와 계약 시 인센티브를 제공한다거나, 세제 혜택을 준다거나, 혹은 국민연금 등의 연기금을 활용하여 투자를 하는 등의 방법을 고려할 수 있다. 서구 국가들도 이런 방법을 통해 여성 임원을 늘린 바 있다. 남녀동수제, 양성평등 채용 목표제 등은 여성할당제를 제대로 시행한 다음에 고려할 일이다.

자신들을 대변할 정당이 없는 것은 여성도 마찬가지다

최근 정치권이 젊은 남성 표심 잡기에 나섰다. 더불어민주당 표창원 의원은 젊은 남성들과의 대화에 나섰고, 여기서 젊은 남성들이 여성 정책에 반대하는 발언을 하는 장면이 전국에 생중계되었다. 바른미래당의 하태경 의원과 이준석 의원은 한술 더 떠서, 2019년을 워마드 종말의 해로 만들겠다는 선언을 하기도 했다.

여러 정당이 20대 남성 표심 잡기에 나란히 나서고 있는 것을 보면 20대 남성의 정치 참여가 부진한 것이 특정 정당만의 현상은 아닌 모양이다. 20대 남성들은 정치에 무관심한 이유에 대해 '자신들을 대변하는 정당이 없기 때문'이라고 말한다. 그리고 이에 대해 모든 정치권과 언론이 이미 페미니스트에 의해 장악되었기 때문이라는 음모론을 내세운다. 그러나 이는 억측이다. 모든 정치권과 언론이 페미니스트에게 장악됐다면 도대체 왜 이 사회에 여성 고위직, 특히 여성 정치인이 그토록 적은 것이며, 누적 인원 수십만 명의 여성이 왜 광화문에 모여앉아 '우리는 나라 없는 페미니스트다'('불편한 용기' 마지막 시위에서 낭독된 〈여성신조〉 내용)라고 외쳤겠는가.

자신들을 대변할 정치 세력이 없다는 점은 20대 여성 역시 동일하게 느끼는 바이다. 20대 남성들이 자신들을 대변할 정치 세력이 없다고 느끼는 것이 여성 탓은 아님을 알 수 있는 대목이다. 그러나 더불어민주당과 바른미래당이 앞 다투어 20대 남성 지지율 획득에 뛰어들면서 마치 정치권의 지나친 여성 정책이 20대 남성의 마음을 돌아서게 했다는 가설을 확증하는 듯한 모양새가 되어버렸다.

사실 정치권은 제대로 된 여성 정책을 실시한 적이 없다. 여성할당제도 권고 사항일 뿐 강제력이 없을 뿐더러, 그 할당조차 낮은 수준이다. 수많은 미투 관련 법안은 발의만 되었을 뿐 통과된 법안은 드물 지경이며, 누적 인원 수십만 명의 여성이 폭염과 추위를 감내하며 디지털 성범죄 문제를 해결하라고 목소리를 높였으나 국회에서 디지털 성범죄 관련 예산은 전액 삭감되었다. 게다가 여성이 저임금에 머무를 수밖에 없는 사회경제적 구조의 개선은 논의조차 되지 못하고 있는 실정이며, 보육 지원 정책은 전무하다시피하고, 이 와중에 여성 복지 예산은 최우선적으로 감액되는 지경이다. 도대체 정치권이 무슨 여성 정책을 시행했다고 남성들의 마음이 돌아섰단 말인가?

그간 여성들은 정치에 무관심하면 무관심한 대로 '여자들이 저러니까 대우를 못 받지.'라는 소리를 들으며 외면받고, 관심이 있으면 있는 대로 '다 잡은 물고기' 취급을 받으며 외면받았다. 그간 여성들이 더불어민주당에 많은 표를 주었지만, 지난 지방선거에서 더불어민주당이 공천한 16명의 시·도지사 후보는 전원 남성이었다. 아마도 여성들의 지지율이 높아서 다 잡은 물고기 취급을 받은 모양이다. 그렇다고 지지율이 낮은 보수 정당에서 러브콜을 받았나, 하면 그것도 아니었다. 어차피 지지해줄 계층이 아니라고 판단해서인지, 보수 정당은 딱히 여성층을 유인하려는 시도를 하지 않았다.

반면 남성들은 정치에 관심을 두면 두는 대로 '그러니 사회를 남성이 이끌어갈 수밖에 없다.'라는 구실로 주류가 되고, 관심을 두지 않으면 두지 않는 대로 각 정당들의 러브콜을 받는다. 여성은 수십만 명이 모여 '우리는 나라 없는 페미니스트다'라는 선언을 해도 아무 정당도 관심을 보이지 않는데, 남성은 시위는커녕 '우리를 대변할 정당이 없다.'라고 키보드만 몇 번 두드렸을 뿐인데도 각 정당으로부터 러브콜을 받는 현실이 참담하다.

여기서 남성 지배에는 단지 '남성'이라는 성별 이외에 아무런 다른 근거가 없음을 다시 한 번 확인하게 된다.

20대 남성이 정치에 무관심한 것은 여성과 아무런 관련이 없다. 남성들이 호소하는 문제는 남성만이 겪는다기보다는, 남녀가 함께 겪는 사안이다. 남성들은 '취업이 어렵다'고 호소하지만, 여성의 취업이 훨씬 더 어렵다. 남성의 취업이 어려워진 것은 경제구조 때문이지, 여성들이 성별을 무기로 일자리를 빼앗았기 때문이 아니다.

《여성 파산》의 저자 이이지마 유코는 여성에게 '빈곤'이 초기 설정값이라 말한다. 남성들은 이제 와서야 취업난을 느끼지만, 사실 여성들은 오래전부터 느껴왔고, 지금은 더 심하게 체감하고 있다. 이이지마 유코는 여성들이 오랜 세월 직면한 고용 불안정, 열악한 급여와 처우 등 비정규직 문제가 드러난 것은 2000년대 초반 젊은 남성의 고용이 위협받을 때였다고 지적한다. 남성 중심 사회는 언제나 남성이 겪는 문제만을 사회문제로 여기고, 여성이 겪는 문제는 모두 개인의 문제로 치부해왔던 탓이다. 그동안도, 지금도 여성은 각종 문제를 겪고 있으나 외면받을 뿐이다.

한국은 언뜻 보면 국민 간의 정치 갈등이 심각한 정치 과잉 사회인 듯해도 사실은 단 한 번도 '진짜' 정치가 시도된 적 없는 나라이다. '진짜' 정치란 국민이 각자의 이해관계를 주장하며 타협해나가는 과정인데, 한국 정치에는 늘 그 과정이 실종되어 있었다. 이런 정당들로부터 마음을 돌리는 것은 국민들의 정치의식 향상에 따른 당연한 귀결이다. 그러나 이 기회를 허약한 한국 정치의 체질을 개선하는 계기로 삼지 않고 그저 지금까지 해왔던 그대로, 누군가에 대한 증오의 감정을 부추기는 형태로 연명하고 있는 각 정당 지도자들의 모습이 안타깝다. 워마드 때려잡을 방안을 연구할 시간에 실질적인 정책 개발에나 힘쓰면 좋겠다.

국민의 의식은 나날이 높아지고 있다. 이제 국민들은 자신에게 실질적으로 도움을 주는 정당에 투표하려 한다. 젊은 남성들의 표심을 사로잡으려 노력하는 정당들이 이들에게 줄 수 있는 도움이 대체 무엇인가? 고작해야 여성 정책 반대밖에 없다. 그러나 여성 정책을 반대한다면 일시적으로 남성의 기분을 고양시킬 수는 있을지 모르겠으나 남성의 입장에서도 실익을 얻을 수 없다. 남성이 겪는 문제들은 여성에게서 비롯된 것이 아니기 때문이다. 이 진실을 남성들 역시 시간이 지나면 깨닫게 될 것이다.

이제 국민들은 정치인이 던져주는 제한된 선택지 안에서 고민하던 그 옛날의 어리숙한 유권자가 아니다. 자신들의 마음에

드는 정당이 없으면 새로 정당을 만들어도 된다는 것을 알고 있다. 국민들이 새로운 대중 정당을 만들어내는 그날, 국민의 삶 속에 뿌리내리지 못하고 증오의 감정을 부추기는 방식으로 연명해온 정당들은 사라지게 될 것이다.

4

새로운 지구를 위한 상상력

'홍대 몰카' 피고인 안모 씨의 어머니는 어디로 사라졌는가?

여성이 성범죄 가해자로 지목되는 일은 한국에서 좀처럼 보기 드문 사례였다. 그런 점에서 이번 사건은 한국 사회가 여성 가해자와 남성 가해자를 동등한 잣대로 다루고 있는지 점검하고 시스템을 정비하는 초석으로 삼았어야 하는데, 이에 대한 심층적인 논의가 나오지 못했다는 점이 안타깝다.

여성이 성범죄의 가해자로 지목된 경우가 많지 않아 통계적으로 비교하긴 어렵지만, 비슷한 통계를 참고해볼 수는 있다. 경기대학교 이수정 교수의 연구에 따르면, 치정 살해 사건의 경우 여성의 형량이 남성의 2배였다고 한다. 성별 이외의 다른 모든 요인을 통제했을 경우에도 결과가 그렇다고 하니, 성별에 따라 다른 형량이 나온다는 점은 반박하기 어려울 것 같다.

그렇다면 남아 있는 과제는 이런 편파적인 양형 결과를 만들어내는 원인이 무엇이냐에 대한 분석이다. 여기서 판결을 내린 판사를 지목하는 것은 지극히 단편적인 견해이다. 판사의 성편견이 작용했을 여지도 있겠지만, 그것이 원인의 전부는 아닐 것이기 때문이다. 판사 입장에서는 이런 혐의가 억울할지도 모른다. 합의 여부, 탄원서 등등 여러 가지 면을 종합적으로 고려해서 판결했는데, 그 과정을 싹 무시하고 결과만 놓고서 편파 판결이라고 비난하기 때문이다.

여기서 더 따져봐야 할 것은 합의 여부나 탄원서 등 재판에 이르기까지의 과정에서 차이를 만들어내는 요인이 무엇인가 하는 점이다. 아무리 다른 요소에 차이가 있다고 하더라도 성별에 따라 편파적인 결과가 나왔다면 그 요소를 만들어내는 성차별의 메커니즘에 대해 짚어봐야 하기 때문이다.

'홍대 몰카' 사건에서 특별히 눈에 띄는 점은 피고인의 어머니가 적극적으로 딸의 구명을 위해 나서지 않았다는 사실이다. 물론 피고인에게 어머니가 안 계실 수도 있고, 다른 특별한 사연이 있을지도 모르지만, 남성이 가해자인 많은 성범죄 사건에서 어머니가 아들의 구명을 위해 적극적으로 나섰던 것과 비교해보면 대조적이다.

무려 44명의 소년이 여중생 두 명을 집단 성폭행했던 밀양

성폭행 사건에서도 눈에 띄는 점은, 가해 학생의 어머니들이 피해 학생을 찾아와 탄원서를 써달라고 협박도 서슴지 않았다는 것이었다. 남성이 가해자, 여성이 피해자일 때는 가해 학생의 어머니가 피해 학생을 찾아와 탄원서를 맡겨놓기라도 한 듯 뻔뻔하게 내놓으라고 요구하는데, 여성이 가해자, 남성이 피해자일 때는 가해자의 어머니가 전혀 눈에 띄지 않는다.

대신 여성이 피해자일 때는 어머니 대신 아버지나 오빠가 등장한다. 성범죄 가해자를 변호해주는 변호사 광고 사이트에서는, 피해 여성에 대해 가부장적 지위에 있는 아버지나 오빠를 찾아가 대신 합의를 하라는 내용을 쉽게 찾아볼 수 있다. 〈그것이 알고 싶다〉에서 방영된, 여성을 살해하고도 집행유예로 풀려난 남성의 경우도 집행유예 판결을 이끌어낸 결정적 요인이 바로 피해 여성 아버지와의 합의였다. 피해 여성은 어릴 때 가출하여 아버지와 오랫동안 연락도 없던 사이였는데, 과연 그런 아버지가 죽은 피해 여성을 대신하여 합의할 자격이 있는가 하는 문제는 법정에서 다뤄지지 않았다.

이렇듯 사법 기관에 앞서 행해지는 성차별은 사실 가정 내에서 일어나는 차별이다. 부모는 딸의 성범죄보다는 아들의 성범죄에 훨씬 관대하다. 아들이 성범죄를 저질렀을 경우, 남자가 한 번쯤 실수할 수도 있다고 여기며 아들을 탓하기 이전에 집을 팔아서라도 피해 여성과의 합의를 시도한다. 이때 대개 피해 여성 본인이 아닌 피해 여성의 아버지나 오빠를 찾아간다. 이것이 합의가 쉽게 성사되는 이유이기도 하다. 많은 부모들이 아들의 성범죄엔 관대하면서도 딸의 성범죄 피해에 대해서는 수치스러워하기 때문이다.

대부분의 가정에서 딸은 권력 서열 최하위이기 때문에 아버지나 오빠의 합의를 뒤집기 어렵게 된다. 이렇게 합의가 성사되면 이 사실이 재판부에서 인정되어 가해 남성의 낮은 형량으로 이어지게 된다. 이렇게 남성 편향적인 양형은 가해 남성과 피해자의 아버지, 그리고 경찰, 검사, 판사의 남성 카르텔이 작동한 결과이다. 그러므로 전 사회적 남성 카르텔이 빚어낸 결과를 단지 판사 개인의 성차별 의식으로 축소하여 해석해선 안 된다.

우리 사회는 그 동안 가정에서 일어나는 일에 대해 '남의 가정사'라며 개입하지 않았다. 그러나 그 남의 가정사가 모여 사회의 유의미한 통계적 차이를 만들어낼 때, 이것을 어찌 남의 가정사라고만 할 수 있을까? 이 현상을 들여다보는 데는 '가정도 사회다.'라고 외쳤던, 래디컬 페미니즘의 렌즈가 필요하다. 사람이 둘 이상 모인 곳은 그곳이 어디든 다 사회이며, 가정도 예외가 아니라는 주장을 우리는 참고할 필요가 있다.

부모 역시 성차별적 편견에 휩싸일 수밖에 없는 사람이며, 특히나 대부분의 사회 복지가 가정 내의 사적 복지로 떠넘겨지고 있는 한국의 여건상 부모, 설사 같은 성별을 가진 어머니라 할지라도 딸보다는 아들에게 더 많은 투자를 할 수밖에 없는 사정이 있다. 사회의 성차별로 인해 아들의 취업이 딸의 취업보다 더 쉽고, 아들의 기대 소득이 딸의 기대 소득보다 높은 이상, 어머니조차 자신의 노후를 위해 아들에게 더 많은 투자를 하게 될 가능성이 크다는 뜻이다. 이러한 차별은 아들과 딸이 각각 범죄를 저질렀을 때도 이어지게 된다.

탈성매매 여성들의 수기를 모은 《너희는 봄을 사지만 우리는 겨울을 판다》라는 책에서도 비슷한 이야기가 언급된다. 오빠에게는 대학생 시절까지 학비와 생활비를 전부 대주시던 부모님이, 자신에게는 청소년 시절부터 용돈을 안 주셔서 아르바이트를 하다가 성매매로 흘러들었다는 이야기, 그리고 성매매를 그만두기 위해 포주에게 진 빚을 갚아달라고 부모님을 찾아갔더니 돈이 없다며 안 주시던 부모님이 정작 오빠가 성범죄를 저질렀을 땐 논밭을 팔아서 합의금을 마련하시더라는 또 다른 여성의 이야기, 등등.

얼마 전 정부에서 탈성매매 여성에게 지원금을 주는 것을 두고 '왜 열심히 공부하는 청년은 지원해주지 않으면서 범죄자를 지원해주느냐?'라는 논란이 일었는데, 여성들이 그런 길로 접어들게 된 동기를 알게 된다면 그렇게 쉽게 말할 수 없게 된다. 그런 항의를 하는 남성들이 열심히 공부할 수 있었던 것도 어쩌면 부모님이 여동생이나 누나에게 할 지원을 아낀 결과일 수 있기 때문이다. 탈성매매 여성에 대한 정부의 지원은 가정 내에서 남녀에게 불공평하게 분배된 자원을 사회적으로 재분배해주는 제도라고 볼 수 있다. 자녀는 부모의 사적 소유물이 아니며, 부모에게 받은 차별 역시 사회적 차별이기 때문이다.

가정을 사회에서 제외하면 성차별 구조는 눈에 띄지 않게 된다. 성차별을 만들어내는 가장 근원적인 기제는 사실 가정 내에서부터 작동하기 때문이다. 이번 '홍대 몰카' 사건을 계기로 우리는 가정 내의 차별이 사회의 차별로 이어지지 않도록 각종 제도들을 세심히 점검해야 한다. 피해 여성의 아버지나 오빠가 대신해준 합의 여부를 형량에 반영하지 말 것, 그리고 든든한 가정 배경이 있는 피의자든 없는 피의자든 동등한 사법 접근권을 갖도록 하기 위해 국선 변호인 제도의 수준을 끌어올리고 경찰 조사 단계에서부터 조력을 받을 수 있도록 할 것 등등.

또한 어떻게 하면 사법부를 민주적으로 통제할 수 있는지도 논의해보아야 한다. 현재 사법부는 대통령이 임명하는 대법원장을 정점으로 하여 매우 위계적으로 구성되어 있으며, 대법원장을 비롯하여 고위직의 임명 혹은 내부 승진 과정에 국민의 평가가 전혀 반영될 수 없는 구조이다. 사법부는 입법부, 행정부와 대등한 권력을 소유한 조직으로서 그 권한이 결코 적지 않은데도 지금까지 국민이 전혀 통제하지 못했다.

큰 틀에서는 그간 디지털 성범죄가 가볍게 다뤄져온 것 역시 이러한 문제의 연장선상에서 일어난 일이다. 대법원장을 대통령이 임명하고, 법관들의 승진을 대법원장이 결정하는 이상 법관들은 국민의 눈높이에 맞춰 재판하기보다는 인사권자의 눈에 들기 위해 정치 사건에 열과 성을 다할 수밖에 없기 때문이다. 이렇게 사법부가 행정부에 종속되는 것은 삼권분립의 원칙에도 위배된다. 따라서 이번 기회에 이러한 인사 구조를 개혁할 방안을 논의해보아야 한다. 영미권에서는 판사를 국민들이 직접 선출하기도 하는데, 우리 역시 대법원장을 선거로 선출하는 방식을 고려해봄직하다. 대법원장이 선거로 뽑힌다면 법관들이 여성 대상 범죄를 과연 이토록 가볍게 처리할 수 있을까? 이번 사건이 사법 개혁에 대한 국민적 논의를 더욱 활발히 일으키게 되길 바란다.

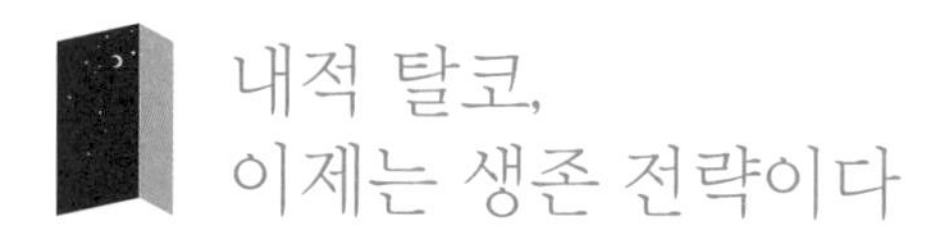

내적 탈코, 이제는 생존 전략이다

요즘 탈코르셋 운동이 한창이다. 흔히 탈코르셋 운동은 화장 안 하기, 브라 안 하기 등 외적인 부분에 치중하여 이해되는 측면이 있는데, 여성들이 생각하는 코르셋이란 내적, 외적인 부분을 전부 포함한다. 여성에게만 요구되는 상냥한 말투, 순응적 성격 등 내적인 코르셋을 극복하자는 운동도 활발하다. 그런데 여기서 많은 논란이 되는 부분은 바로 '도덕'에 대한 탈코르셋이다.

'도덕'을 거부하는 것도 탈코르셋 운동의 일종인가 하는 부분에 대해서는 여성들 사이에서도 의견이 분분하다. 그 '도덕'이라는 것이 어느 수준이냐에 따라 답이 달라질 수도 있겠다. 범죄까지 포함하는가, 그렇지 않으면 약간의 민폐 정도까지만 포함하는가, 그렇지 않으면 쓸데없는 '친절함'을 그만두기 정도까지만 포함하는가 등등.

그러나 어느 범위까지 포함하든, 여성에게 요구되는 높은 도덕 잣대가 코르셋의 일종이라는 점을 부인하긴 어렵다. 《괜찮지 않습니다》의 저자 최지은 기자는 한 예능 PD의 말을 빌려, 예능 프로에서 남녀 출연자에게 각각 요구되는 잣대가 다르다고 지적한다. 여성 출연자에게는 유난히 더 높은 도덕 잣대를 적용한다는 것이다. 그만큼 여성 출연자는 더 많은 욕을 먹게 되고, 그것이 예능 프로에서 여성을 출연시키기 어려운 이유가 된다고 한다.

여성에게 유달리 높은 도덕 잣대를 대는 현상은 곳곳에서 어렵지 않게 확인할 수 있다. 범죄를 저지르는 사람의 성비는 남성이 압도적으로 높은데, 욕을 먹는 사람 중에는 여성이 훨씬 많다. '된장녀' '김여사' 등 여성을 비하하는 표현들이 반대의 경우보다 훨씬 다양하기도 하거니와 사용되는 빈도도 훨씬 높다. 아내를 때리는 남편보다, 남편에게 밥을 차려주지 않은 아내에게 가해지는 비난의 정도가 더 큰 것이 현실이다.

'여성이 더 많이 욕먹는 현실이 잘못되긴 했지만, 그래도 도덕을 지켜서 나쁠 게 뭐 있냐?' 하고 반론하는 사람이 있을지 모른다. 남성 페미니스트를 자처하는 손아람 작가는 '나는 남성인데도 여성 인권을 위해 발언하는데, 워마드는 과연 남성으로 태어났어도 페미니즘을 할까?'라고 반문하며 '도덕'을 버린 워마드를 비판한 바 있다. 그러나 나는 여성이 도덕을 지키면 나쁠 게 있다고 말하고 싶다.

여성에게만 높은 도덕 잣대를 들이대는 것은 '편파성' 정도로 축소하기 어려운, 정치적 목적을 가진 행위이기 때문이다. 남성은 도덕을 지키면 칭찬을 받는다. 그러나 여성은 도덕을 지키면 위험에 빠지게 된다. 이것이 남성의 도덕과 여성의 도덕을 다르게 보아야 하는 이유이다. 나는 남성들이 유독 여성에게 높은 도덕 잣대를 요구하고, 그에 도달하지 못했을 때 온갖 험악한 비난을 쏟아 붓는 것이 단지 '약자 괴롭히기' 정도의 고약한 취미생활이라고 생각하지 않는다. 그들은 분명한 정치적 목적하에, 고도로 계산된 행동을 하고 있다. 여성들이 도덕에 길들여지면 자신들이 다루기 쉽고 만만한 존재가 되며, 때에 따라선 만만한 범죄의 타깃까지 된다는 점을 알고 있는 것이다.

일본의 의존증 클리닉에서 성범죄자를 상담하는 사이토 아키요시는 《왜 함부로 만지고 훔쳐볼까?》라는 책에서, 주로 '만만한' 여성이 성범죄자의 타깃이 된다고 지적한다. 흔히들 성범죄는 짧은 치마 등 노출이 심한 옷을 입은 여성 때문이라고 생각하는데, 사이토 아키요시는 성범죄자를 상담한 결과를 토대로, 성범죄자들이 오히려 짧은 치마를 입은 여성은 범행 대상으로 삼기 꺼려한다고 말한다. 이들은 타깃 물색에 꽤 많은 시간과 정성을 들이는데, 이때의 기준은 '자신의 성욕을 더 많이 자극하는 여성'이 아니라, '만져도 가만히 있을 것 같은 여성'이라고 한다. 물론 옷차림이나 외모를 통해 성격을 짐작할 수는 없겠지만, 그래도 최대한 얌전하고 소심해서 쉽게 문제 제기를 하지 못할 것 같은 여성을 고른다는 것이다.

그런데 얌전하고 순응적인 성격은 사실 모든 여성이 '여자답다'라는 구실 아래 학습하게 되는 성역할이기도 하다. 결국 그의 지적을 통해, 어른들의 말을 잘 듣지 않는 소위 '되바라진 여성'이 범죄 앞에 더 안전하다는 서글픈 현실을 마주하게 된다. 사이토 아키요시는 이 사실을 성범죄자와의 상담을 통해 깨달았는지 모르겠지만, 내적 탈코르셋을 주장하는 여성들은 구체적인 자료 없이도 '생존 본능'으로 이를 깨닫고 있었다. 자신이 범죄 피해자가 되지 않기 위해서는 '되바라진 여성'이 되는 방법밖에 없다는 것을.

언젠가 인터넷에서 이런 글을 읽은 기억이 있다. 누군가가 다른 사람에게 '당신의 자식을 어떤 사람으로 키우고 싶냐?'라고 물었는데, 그 사람이 '배려심 많은 사람으로 키우고 싶다.'라고 답하자, 질문자가 이에 '당신은 당신의 자식이 성공하길 바라시는군요.'라고 대답했다고. 배려란 강자의 위치에 있을 때만 베

풀 수 있는 덕목이며, 약자의 배려는 배려가 아닌 굴종일 뿐이라는 것이다. 맞는 말이다. 강자가 타인을 배려할 땐 '멋있다'라는 평가를 받지만, 약자가 타인을 배려할 땐 '만만하다'라는 평가를 받게 되고, 그 결과 더 쉽게 범죄자의 타깃이 된다. 범죄로 제한하지 않더라도, 약자가 타인을 배려할 땐 주변인의 과도한 요구에 직면하게 된다. 그래서 여성에게 '되바라진 여성'이 되는 것은 생존 스킬이 되고 만다.

범죄 피해자의 공통점은 하나같이 착하다는 것이다. 어른의 말을 잘 듣는 어린이는 더 쉽게 유괴를 당한다. 한샘 성폭행 가해자는 자신이 유인하는 모텔방에 들어오길 거부하는 피해자에게 계속해서 '내가 너하고 무슨 짓 할 것 같냐, 너 나 의심하냐?'라는 식으로 죄책감을 주입했다. 그 상황에서 상사에게 마음의 상처를 주지 않기 위해 모텔방에 들어간 여성은 피해자가 되었다. 결국 이 세상에서 자신을 지키고 살기 위해서는 '도덕을 극복해야 한다.'라는 일부 여성들의 주장도, 빗나간 극단주의자들의 말이라고만 볼 수는 없는 것이다. 여성이 범죄 피해자가 되지 않기 위해서는 타인에게 마음의 상처를 주는 일에 있어 주저하면 안 된다. 범죄자들은 여성들의 그 주저함조차 악용하기 때문이다.

《부장님, 그건 성희롱입니다》의 저자 무타 카즈에는 남성들이 여성의 거절 사인을 잘 알아듣지 못하는 이유에 대해, '언어가 젠더에 속박되어 있기 때문'이라고 지적한 바 있다. 여성이 아무리 '싫어요!' '하지 마세요!'라고 말한들 여성에게 허용된 언어란 늘 이렇게 명령조가 아닌 부탁조이기 때문에, 그 말을 들은 남성들은 그것을 거절이 아니라 앙탈이라고 생각한다는 것이다. 여성의 거절이 앙탈인 줄 알았다는 남성의 말은 물론 처벌을 피하기 위한 변명일 수도 있다. 그러나 여성의 언어는 늘 명령조보다는 부탁조로 발달해왔고, 그것이 여성의 의사표현을 남성의 그것과 대등하게 받아들여지지 못하게 만들었다는 저자의 지적 역시 타당하다.

가부장제 사회에서 여성성을 학습하는 과정을 보면, 이건 범죄 피해자를 만들기 딱 좋은 내용들이 아닌가 싶을 때가 많다. 늘 친절하게, 상대방의 감정을 먼저 고려한 말하기를 해봐야 그로 인해 이익을 얻을 사람은 손쉽게 책임회피를 할 수 있는 범죄자뿐이다. 피해자가 더 명확하게 거절 의사를 표현하지 않았다는 것이다.

그래서 나는 자라나는 여자 어린이, 여자 청소년에게 선뜻 '착하게 자라라.'라고 말할 수 없다. 나는 자라나는 여자 어린이와 여자 청소년들이, 착해지는 법에 앞서 거절하는 법을 먼저 알게 되길 바란다. '내가 거절하면 상대방이 상처받지 않을까?'

하는 고민을 한 번이라도 덜 할수록 그 여성의 생존 확률이 더 올라가는 현실에서 도덕을 버리려는 여성을 누가 탓할 수 있을까? '올바른 페미니즘'을 논하기 전에, 그런 여성이 안심하고 살 수 있는 사회를 만드는 것이 먼저이다. '매너 있는 사람'이 될 수 있는 것도 권력이다.

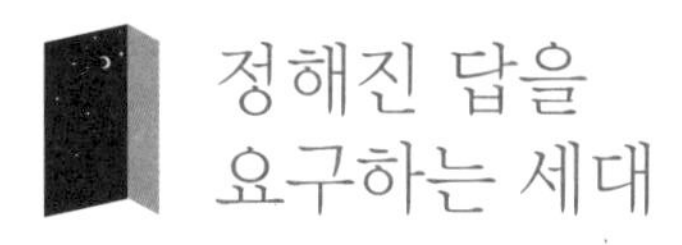

정해진 답을 요구하는 세대

흔히들 성차별은 나이 많은 남성들이 심할 것이라고 믿지만, 살펴보면 그렇지만도 않다. 페미니즘 안티에 가장 열을 올리는 것은 5060 남성이 아니라 2030 남성이다. 이런 현상은 다양한 관점에서 해석해볼 수 있다. 5060 남성들은 이미 기득권을 누릴 만큼 누렸기 때문에 상대적으로 여성에게 너그러워질 수 있었다거나, 혹은 그때보다 지금이 경제적으로 훨씬 어려워졌기 때문이라고 해석해볼 수도 있다.

혹은 결혼을 앞둔 젊은 남성들의 '후려치기' 전략으로 이해해볼 수도 있겠다. 아직까지 관습적으로, 가사노동의 부담은 여성이 더 많이 지고 있다. 남성은 결혼을 통해 평생 이 공짜 노동력을 획득하기 때문에 결혼은 남성에게 경제적으로 이득이다. 그래서 결혼하려는 유인은 대개 남성 쪽이 여성보다 더 강하다.

남성들이 역차별이라고 주장하는 것들 대부분이 '결혼의 어려움'이라는 점도 이를 뒷받침한다. 그래서 좀 더 결혼을 손쉽게 하기 위해 여성의 가치를 깎아내리는 '여성 혐오'를 하게 된다는 것이다. 이 가설에 의하면, 이미 결혼에 골인한 5060 남성들은 이런 전략을 구사할 필요가 없다.

이 모든 분석이 조금씩은 타당하다. 그러나 나는 다른 측면을 한번 지적해보고 싶다. 한국의 특수한 교육적 여건이 바로 그것이다. 한국은 경제성장을 지나치게 빨리 이룬 탓에 세대 간 의식과 문화의 차이가 굉장히 크다. 하지만 학교 교사는 공무원 신분이기 때문에 함부로 해고할 수 없다. 그러다 보니 서구의 기준으로 치면 몇백 년 전의 경제구조 속에서 형성된 사고를 가진 분들이 아직도 교단에 남아 있다.

내가 다녔던 학교의 이야기를 하자면, 교장 선생님은 일제강점기 문화를 경험한 분이었다. 그 시절의 문화가 옳다고 여기며 모든 선생님과 학생에게 그 방식을 강요했다. 선생님들에게는 정장을 착용하도록 강요했으며, 수시로 복도를 순찰하다 수업 시간에 교실에서 웃음소리가 터지면 교실 문을 열고 들어와 선생님에게 '수업 똑바로 하라.'고 면박을 주곤 했다. 수업 시간에 코트를 입거나 무릎 아래에 무릎 담요를 덮는 것도 일절 금지였다. 그래서 수업 시간마다 사물함 뒤에 코트나 무릎 담요 등을 갖다두었던 기억이 난다. 2000년대 중반쯤이었으니 그리 오래 전 일도 아니다. 어쩌면 그 학교는 아직도 그 문화를 유지하고 있는지도 모를 일이다.

나는 종종 한국의 교육 문제가 사실은 제도보다는 교사에게서 비롯된 측면이 크다는 생각이 든다. 내 또래는 이른바 '이해찬 세대'이다. 정확히는 이해찬 장관 시절 이뤄진 변화의 영향을 받은 세대이다.

1990년대 후반에 진보 정권이 들어서면서 창의성을 강조하고 공부 부담을 계속 줄여나가는 식으로 교육 제도가 바뀌었다. 제도 도입 당시에는 공통교육 과정이 간소해지면 나머지 시간에 각자의 특성에 맞는 다양한 공부를 할 수 있겠거니 했겠지만, 경제구조가 그대로이고 옛날 세대가 학교에서는 교사, 직장에서는 채용권자의 지위에 있는 상황에서 그건 불가능한 일이었다. 교과 내용이 쉬워지고 시험도 쉬워졌지만 성적의 중요성은 예전과 같고 취업은 갈수록 어려워지니, 우리는 한 문제라도 덜 틀리기 위해 간단한 내용을 수없이 반복해서 공부하는 시험기계가 되어갔다. 사람을 고치지 않고 제도만 바꾸는 것으로는 한계가 있었던 것이다.

그렇게 탄생한 '이해찬 세대'는 그가 바란 바와 달리, 세상을 한쪽 방향에서만 바라보는 일에 아주 익숙하다. 내 경험에 비춰

보면, 젊은 세대가 오히려 윗세대보다 사고의 폭이 훨씬 좁고 경직되어 있다. 이런 교육적 배경을 무시하고 젊은 세대를 제대로 이해할 수 없을 것이다. 안티 페미니스트 중에 여성도 상당수 있는 것으로 보아, 페미니즘의 문제는 성별 이해관계뿐만 아니라 사회를 어떤 시각에서 보느냐와 밀접한 관계가 있다는 생각을 하게 된다.

대개 안티 페미니스트들은 사고의 경직성이 한층 강하다. 이들은 모든 문제에 정해진 한 개의 답만 있다고 믿는다. 누가 옳으냐, 틀렸느냐. 그리고 누가 더 잘하느냐, 못하느냐. 여성이 취업 차별의 문제를 제기하면 이들의 대답은 '여자가 일을 잘하면 채용되겠죠.'이고, 부족한 여성 국회의원 수를 이야기할 때 역시 이들의 대답은 '여자가 일을 잘하면 당선되겠죠.'이다.

그런데 일을 잘하느냐 못하느냐를 누가 규정하는가? 그건 어느 시각에서 보느냐에 따라 다른 문제일 수 있는데도, 이들은 이를 결정짓는 단 하나의 기준이 있다고 굳게 믿는다. 이들이 신봉하는 기준은 안타깝게도, '노동의 절대 시간'과 '상사에게 얼마나 복종하느냐.'와 같이 매우 단순하고도 비합리적인 것들이다. 여성은 가사 문제로 일찍 퇴근하기 때문에, 그리고 상사에게 아부를 떨지 않기 때문에 일을 못하는 것이고, 그래서 차별받아 마땅하다는 것이다.

비단 여성 문제뿐만이 아니라, '성적'과 같이 단일한 기준으로 줄을 세우고 그에 따른 차별을 합리화하는 것은 사실 젊은 세대 공통의 감수성이기도 하다. 이 현상을 사회학자 오찬호는 《우리는 차별에 찬성합니다》라는 책을 통해 지적한 바 있다. 그러나 이 현상에 대한 사회학자들의 분석은 대개 신자유주의로 인한 취업난이라는 측면에만 국한되어 있는데, 나는 그보다도 이해찬 세대의 교육적 배경을 지적하고 싶다.

과거 본고사 시절에는 문제 자체가 어려웠기 때문에 서울대 수석 입학생조차도 만점에 한참 못 미치는 점수를 받았다. 그러나 이해찬 이후 공부 부담을 덜어주자는 명목으로 교과 내용이 점점 간소해지고 시험은 쉬워지니, 내신이든 수능이든 시험마다 만점자가 속출하게 되었다. 그러자 한 문제만 틀려도 등수가 쭉 미끄러지는 상황이 발생했다. 결국 변별력은 '누가 더 반복학습을 많이 하느냐.'에서 생기게 되었고, 다 아는 내용을 혹시나 하는 마음에 계속 반복학습하면서 뇌를 단순화시켜온 것이 지금 젊은 세대의 성장 과정이었다. 그 덕에 젊은 세대의 시야는 좁아지고 사고는 단순해졌다. 성인이 되어서도 특정 행동에 특정 보상이 따른다는 식의, 초등학생과 같은 마인드로 세상을 살아간다.

패션 브랜드 MCM의 김성주 회장은 2013년 《동아일보》와의 인터뷰에서 여성할당제의 필요성을 언급하며 여성을 한번 써보라고, 그러면 숨은 인재가 쏟아져나온다고 말한 바 있다. 기업 회장의 발언이라고 보기에는 놀라웠다. 기혼 여성이 기업에 손해가 되지 않느냐는 기자의 질문에, 김성주 회장은 그만큼 가족을 이끌어보고 애를 키워본 기혼 여성의 경험이 업무에 강점으로 발휘된다고 대답했다. 또한 김성주 회장은 패거리 문화가 없고 조직이 틀렸을 때 'NO'라고 말하는 사람의 대부분이 여성이라는 점을 여성 인력의 장점으로 꼽았다. 술, 정치, 밀실, 패거리 문화가 우리 사회의 발전을 가로막는 요소들인데, 여성이 고위직으로 많이 갈수록 이와 같은 부분이 개선될 거라는 것이다.

이처럼 '능력'이라는 것은 어느 관점에서 보느냐에 따라 달라질 수 있다. 장시간 일하는 게 열정과 능력의 표시일 수도 있겠지만, 때에 따라선 반대의 경우 업무 효율이 높아지기도 한다. 정해진 시간 내에 일을 끝내려다 보면 더욱 집중하게 되기 때문이다. 남성들은 여성들이 상사에게 잘 복종하지 않는다는 점을 무능력의 근거로 꼽았지만, 김성주 회장은 반대로 바로 그 점이 여성의 장점이라 말한다.

2017년 청와대에 여성 징병 청원글을 쓴 남성은 '여성이 장애인이냐.'라고 비아냥댔는데, 나는 마치 여성이 장애인과 같은 취급을 받는 것을 부끄러워해야 한다는 듯한 그의 태도에 당혹감을 느꼈다. 나는 그것이 부끄럽지 않기 때문이다. 나는 장애란 누가 사회의 다수이고 소수이냐에 따른 상대적인 문제라고 생각하며, 때에 따라선 장애도 특별한 능력이 될 수 있다고 믿는다.

지금의 사회에서는 손가락이 다섯 개인 사람이 다수이기 때문에 손가락이 하나 없는 것이 장애로 취급받지만, 손가락 네 개인 사람이 다수인 다른 사회에서는 손가락이 다섯 개인 것이 장애일 수 있다. 사회 시스템이라는 것은 언제나 다수를 기준으로 만들어지기 때문이다. 손가락 네 개인 사람이 다수인 사회에서는 그에 맞게 모든 물건이 제작되어서, 손가락 다섯 개인 사람이 사회생활에 상당한 불편을 겪게 될지 모른다. 그렇기에 장애는 절대적인 결핍의 문제가 아닌, 상대적인 차원의 문제이다.

또한 다수와 다른 사람은 이 사회를 다른 관점에서 바라보기 때문에 남들이 보지 못하는 문제점과 해결책을 찾아낼 수 있고, 그렇기에 때에 따라서 장애는 특별한 능력이 될 수 있다고 나는 믿는다. 그래서 나는 장애인에 대한 배려 차원이 아닌, 우리 사회 전체의 발전을 위하여 장애인 할당제에 찬성한다. '무엇이 능력인가?'의 기준은 절대적이지 않고 때에 따라 유동적이다. 그리고 다양성을 포용할 때 그 혜택은 사회 전체가 고루 입게 된다. 페미니즘은 다양한 답을 추구함으로써 구성원을 더 행복하게 만들고, 사회를 한층 발전시킬 수 있다.

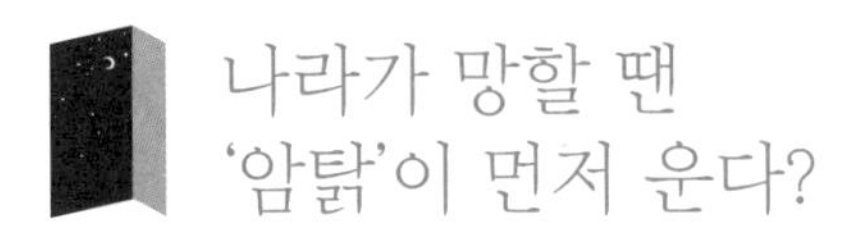

나라가 망할 땐 '암탉'이 먼저 운다?

'암탉이 울면 나라가 망한다.' 한국인이라면 누구나 한 번쯤 들어보았을 말이다. 어릴 땐 그저 근거 없는 편견일 뿐이라고 생각했지만, 경험이 쌓이고 나니 어쩌면 그리 근거 없는 이야기만은 아닌 것 같다는 생각도 든다. 여성의 목소리와 역할이 커진 후에 집안이나 나라가 망한 경험이 옛사람들에게 있었기 때문에 만들어진 속담이 아닌가 싶다.

속담 하나로 선조의 사고방식을 재단할 수는 없겠지만, 자신들이 경험한 현상의 인과관계를 과연 제대로 반영했는지 묻고 싶은 마음은 있다. 시간적인 순서로는 '암탉'이 울고 나서 나라가 망했다 하더라도, 인과관계를 따지자면 '암탉'이 울어서 나라가 망한 게 아니라 나라가 망해가고 있기 때문에 '암탉'이 울었을 수도 있다는 것이다. 옛날에는 여성들에게 정치 참여 권한조차 주어지지 않았는데, 어떻게 여성이 나라를 망하게 할 수 있었겠는가. 그보다는 반대의 경우라고 보는 편이 더 합리적이다.

내가 이런 생각을 하게 된 것은 대통령 탄핵을 비롯한 일련의 사태를 보면서이다. 대한민국 역사상 첫 여성 대통령이 탄핵되면서 한동안 '이래서 여성은 정치를 하면 안 된다.' '역시 암탉이 울면 나라가 망한다는 조상들의 격언이 틀린 말이 아니다.' 라는 식의 말이 회자되었고, 보수당에서 다시 여성 지도자가 나오는 일은 요원해보였다. 그래서 많은 여성들은 이 일로 여성 인권이 후퇴하는 건 아닌가 우려하기도 했다.

그러나 웬걸, 그 난리를 겪고서도 얼마 지나지 않아 자유한국당은 보수정당 최초로 여성 원내대표를 선출했다. 사상 최초의 여성 대통령 탄핵, 그리고 그 대통령을 배출한 정당의 사상 첫 여성 원내대표 탄생, 이 모든 사태가 과연 그들이 '여성'인 것과 무관한 것일까?

최근엔 유리천장을 넘어 유리절벽이라는 말까지 나온다. 실패 가능성이 높은 프로젝트는 일부러 여성에게 맡기고, 위기를 극복하지 못하면 결국 자리에서 물러나게 만드는 것을 유리절벽이라고 한다. 영국의 심리학자 라이언과 하슬럼에 따르면 기업 역시 위기를 맞을 때 여성 경영인을 임명하는 경우가 많다고 한다. 어디 기업만 그럴까? 한국 정치도 떠올려보면 늘 위기의 순간에만 여성이 중책을 맡았다.

여성의 사회 진출에 부정적인 보수당에서 박근혜 의원이 대선 후보가 될 수 있었던 까닭은 그만큼 당시 보수당의 리더십이 한계에 달했기 때문이었다. 그리고 이는 시대 변화에 따른 자연스러운 현상이기도 했다. 한국의 경제구조가 변했고, 후진국을 탈출한 시점에서 기존에 보수당이 추진해온 대기업 중심의 성장 정책은 효과를 거두기 어려웠던 까닭이다. 어쩌면 그때 보수당은 해체 수순을 밟았어야 했는지도 모르겠다.

한국의 경제가 급성장한 만큼 기존의 진보 진영에서 주장하던 사항들도 지금의 시점에선 보수적으로 보일 지경이다. 따라서 박근혜 전 대통령이 정계에 진출할 당시 보수당은 해체의 수순을 밟고, 기존의 진보 정당보다 더 진보적인 새로운 정당이 출현하는 것이 사회적으로 적절한 변화의 방향이 아니었을까 싶다. 그러나 해체의 국면에서 남성 정치인들은 조금이라도 더 살아보겠다고 꼼수를 부렸으니, 그것이 바로 박근혜 전 대통령의 영입이었다.

사실 국민들은 박근혜 전 대통령에 대해 잘 알아서 그를 찍어준 것이 아니다. 그보다는 아련한 박정희 향수에서, 그 시절만큼 경제성장하길 바라는 마음에 찍어준 것이었다. 그러나 정치를 한다는 사람들이라면 다들 알고 있었을 것이다. 그 당시의 경제성장은 그때였기에 가능했던 것이고, 지금 상황에서는 박정희 전 대통령이 환생한다 해도 불가능하다는 것을. 하지만 정치인들은 진실을 알면서도 마치 그것이 가능할 것처럼 국민을 속였다. 이것이 비단 박근혜 전 대통령 한 사람만의 잘못이었겠는가?

보수당의 위기는 사회 변화에 맞는 새로운 정책을 내놓지 못했기 때문에 벌어진 일이다. 사회가 바뀌었는데도 이전의 패러다임에서 벗어날 수 없다면 그런 사람은 정치를 그만두는 것이 맞고, 그런 정당은 해체하는 것이 맞다. 하지만 새로운 콘텐츠도 없으면서 자리보전에 연연하는 보수 정치인들은 대국민 사기극의 마스코트로 전 대통령의 딸을 내세웠다.

박근혜 전 대통령이 탄핵된 지금, 함께 이 대국민 사기극에 동참한 남성 정치인들은 다 어디로 갔나? 보수당의 역사를 돌아보아도 남성들이 주도한 세월이 훨씬 긴데, 그들이 실패하고 위기에 직면한 지금, 정작 비난받아야 할 이들은 다 어디로 가고 여성 정치인만 남아 있나? 계속되는 여성 지도자 선출이 보수당이 앞으로는 여성을 중용하겠다는 뜻이라면 좋으련만, 그보다는 자신들의 잘못을 떠넘기고 줄행랑치려는 의도가 더 커 보인다.

박근혜 전 대통령과 나경원 원내대표, 이들은 누가 봐도 총알

받이일 것이 뻔한 자리를 대체 왜 자원했을까? 지금이 아니면 감투를 써보지 못할 것 같아서? 그런 의도도 있을 수 있겠지만 그보다는 여성으로서, 나라가 어려워지고 있음을 남성 정치인들보다 더 빨리, 그리고 더 깊숙이 인지하고 있고, 그에 대한 안타까움과 해결 의지도 더 크기 때문이었다고 해석할 수는 없을까.

배에 구멍이 나서 물이 들어차기 시작할 땐 가장 밑바닥에 가까이 있는 사람이 그것을 먼저 느끼게 마련이다. 마찬가지의 이치로, 나라가 흔들리기 시작할 땐 그 나라의 가장 밑바닥 계층이 가장 먼저 감지하게 마련이다. 그리고 대부분의 국가에서, 아니 지구상에 존재하는 모든 나라에서 여성은 남성보다 경제적으로, 사회적으로 하층부에 속해 있다. 이것이 나라가 망해갈 때 여성이 먼저 나서는 이유이다. 여성이 더 먼저 그것을 감지하기 때문에.

요즘 젊은 여성들의 목소리가 커진 것을 두고 어른들이 혀를 끌끌 차며 말한다. 여자들이 저리 드세니 말세라고. 그러나 생각해보자. 여자들이 드세서 말세가 되는가, 아니면 말세이기 때문에 여자들이 드세지는가? 나는 후자라고 본다. 신자유주의가 확산되면서 주기적으로 경제 위기가 전 세계를 휩쓸고, 부의 분배가 한쪽으로 편중되고 있다는 지적이 나옴과 동시에 전 세계적으로 페미니즘 리부트 현상이 일어나는 게 과연 기막힌 우연의 일치일 뿐인가? 그렇지 않다고 본다. 경제 위기가 생겨나면 언제나 그 여파는 여성에게 더 먼저, 그리고 더 가혹하게 들이닥친다. 그것이 지금, 여성들의 목소리가 커지는 이유이다.

한국의 젊은 여성들은 왜 메갈과 워마드가 되었는가? 젊은 여성들은 아직 성차별을 경험한 적이 없다고? 천만의 말씀이다. 지금의 메갈, 워마드가 어린 시절 IMF가 불어닥쳤다. IMF 당시 온 미디어가 가장의 눈물을 떠들어댔지만, 사실 여성의 해고율이 남성보다 2배 높았다. 여성이 남성보다 먼저 해고된 것이다. 그리고 그즈음, 많은 어머니들이 실직한 가장을 대신하여 생계 전선에 뛰어들었다. 남성도 일자리가 없는 마당에, 여성에게 양질의 일자리가 남아 있을 리 없었다. 이들이 가진 일자리는 대부분 식당 노동자, 마트 노동자 등 열악한 일자리들뿐이었다.

그러나 우리 어머니들은 생계를 부양하면서도 소득이 적다는 이유로 남성들이 받던 가장 대우도 받지 못했을 뿐만 아니라, 실직한 가장의 기운을 북돋워주기 위해 오히려 숨죽여 살아야만 했다. 남성이 생계를 부양하기 때문에 권력을 갖는다는 남성들의 주장은 거짓말이다. 여성은 똑같이 생계를 부양하더라도 남성의 내조를 받기는커녕, 오히려 무너진 가장의 자존심을 지켜주기 위해 한층 더 혹독한 가사노동과 감정노동에 시달려야 할 뿐이었다.

조선 시대 제사 문화에서도 여성이 한층 더 보조적인 위치로 밀려난 것이 임진왜란 이후부터라는 지적이 있다. 임진왜란 이후 남성들의 자존심이 무너지자, 여성에게 한층 혹독하게 가사 노동을 시키면서도 권리는 더 박탈하는 방식으로 남성들이 자존심을 지켜왔다는 것이다. IMF 이후도 마찬가지였다. 직장에서, 가정에서 더 많이 일하는 어머니를 도우며, 그리고 이런 어머니가 차린 밥상을 아무런 감사나 미안함 없이 편하게 받아먹기만 하는 오빠, 남동생, 아버지를 보며 자란 세대의 여성이 메갈과 워마드가 되었다.

경제가 어려워지면 위기를 여성이 나서서 수습하는 모습은 시대와 나라를 막론하고 곳곳에서 발견된다. 북한 역시 배급이 중단되는 등 실질적으로 체제가 붕괴하다시피 된 이후, 여성들이 장마당 경제를 선도했다. 여성들은 살림과 육아에 있어 1차적 책임자인 만큼 경기 변동에 훨씬 민감할 뿐 아니라, 신체적으로도 약자인 탓에 폭력 등의 수단을 통해 경제적 책임을 남성에게 전가할 수조차 없다.

그러나 남성의 경우 자신이 살림과 육아의 1차적 책임자가 아니기 때문에 이 문제를 덜 민감하게 받아들일 뿐 아니라, 폭력을 통해 경제적 책임을 여성에게 전가할 수 있기 때문에 위기의 순간에도 이를 수습하려 적극적으로 나서진 않는 듯하다. 실제로 경제가 어려워질수록 가정폭력, 더 정확히 말해 남성의 아내 폭력과 아동 학대가 더 늘어난다는 것이 범죄심리학자들의 공통된 지적이다.

이런 상황에서 "싸우지 말고 사이좋게 지내요."라고 말하는 것은 편향적이다. 남성들은 여성보다 체제의 위기를 훨씬 더 늦게 감지한다. 그리고 감지하더라도 그 위기를 여성에게 전가하는 방식으로 회피할 수 있기 때문에 위기를 극복하려는 의지가 여성에 비해 약하다. 이 상황에서 남녀가 함께 잘 살기 위해서는 남성들이 여성의 목소리를 귀 기울여 들어야만 한다.

우리가 함께 탄 배에 구멍이 생겨서 물이 들어차고 있다고 끊임없이 경고를 보내고 있는 여성들에게 남성들이 "입 닥쳐."라는 말만 반복하고 있는 상황에서, 남성과 싸우지 않고 잘 지내는 게 모두에게 어떤 도움이 되는지 나는 모르겠다. 우리 조상님들 시대에 '암탉'이 운 뒤에 나라가 망한 것은, 아마도 '암탉'의 경고를 조상님들이 묵살하셨기 때문 아닐까? 현대의 남성들이 조상의 경험을 반면교사로 삼아 여성의 경고를 귀 기울여 듣는다면, 그리하여 배의 구멍을 재빨리 메워 위기에서 탈출한다면, 미래엔 이러한 속담이 탄생할지도 모른다. '암탉의 울음소리에 귀 기울이면 나라가 바로 선다.'

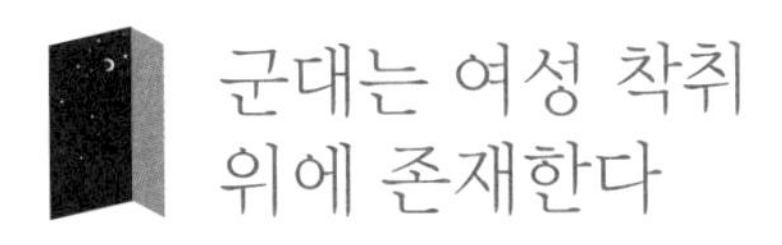

군대는 여성 착취 위에 존재한다

고등학교 시절, 한 남자 선생님이 수업하다 말고 이런 말씀을 꺼낸 적이 있다. “너희, 여자는 애 낳으니까 군대 안 가도 된다는 말 하지 마라. 그건 아주 무식한 소리다. 그럼 군대 안 가는 대신 애 둘씩 낳아라.”라고. 군대나 임신 문제에 대한 내용을 공부하던 상황도 아니었는데, 갑자기 왜 여학생들을 대상으로 저런 말을 꺼내는지 이해할 수 없었다. 좀 더 커서야 알았다. 그것이 바로 ‘임신은 선택이고 군대는 의무이니, 임신과 군대는 별개 문제이다.’라는, 한국 남성들의 고전적인 논리였음을.

여성들이 성평등을 외칠 때마다 남성들이 앵무새처럼 반복하는 얘기가 바로 ‘군대’ 문제이다. 군복무는 기간이 정해져 있는 반면 성차별은 평생에 걸쳐 일어나는 문제인데, 이 둘을 과연 대등한 문제로 볼 수 있을까? 과연 여성이 군대에 의무적으로 가게 되다 한들 성차별 문제가 해소될 수 있을까? 나는 아닐 거라고 본다. 남녀의 신체 구조는 다르다. 그런데도 언제나 남성이 여성을 평가하는 기준이 된다면, 여성은 남성에 비해 늘 모자란 존재로 취급받을 수밖에 없다. 기준을 세우는 쪽은 언제나 자신에게 유리한 것만을 내세울 권력이 있기 때문이다.

여성이 군대에 의무적으로 가게 된다 하더라도, 여성에게 생리 휴가가 주어지면 남성들은 그것도 역차별이라고 할 것이요, 여성에게 보급품으로 생리대 한 장이 더 지급되어도 남성들은 그것을 역차별로 인식할 게 빤하다. 여성의 군장 무게가 남성의 것보다 조금 가벼워도 역차별, 여성의 공익 배치 비율이 조금만 높아도 역차별, 이런 식의 문제 제기가 아마 끝이 없을 것이다.

유명한 '생수통 논리'는 또 어떤가? 남성들은 여직원이 차별받는 가장 강력한 근거로 '생수통'을 거론한다. 여성들은 직장에서 생수통을 갈지 않기 때문에 남자 직원만큼 대우받지 못한다는 것이다. 요즘은 생수통 형태로 된 냉온수기를 쓰는 회사도 별로 없거니와 생수통 교체를 매일같이 하는 것도 아닌데, 그것을 여성 차별의 강력한 근거로 내세우는 논리를 납득하기 어렵다. 여성이 생수통을 갈아야 평등해질까?

나는 사고의 패러다임 전환이 필요하다고 생각한다. 여성이 생수통을 가느냐, 그렇지 않느냐가 문제가 아니라 애초 생수통 자체가 남성의 평균적인 근력을 기준으로 제작되었다는 점이 문제인 것이다. 직장은 남성의 공간으로 출발했고, 당연히 남성의 평균적인 근력을 기준으로 생수통이 개발, 제작되었다. 만약 직장이 여성의 공간이었다면, 여성이 어렵지 않게 갈 수 있도록 작은 크기의 생수통이 보급되었을 것이다. 여성이 생수통을 갈지 못하는 상황은 사실 정확히 말해 남성 역차별이 아니라 여성 차별에서 파생된 현상으로 봐야 한다.

군대 문제로 돌아가 보자. 군복무는 오랫동안 남성들만의 영역이었다. 훈련 과정과 방법, 무기의 크기와 무게 등이 남성의 평균적인 신체 사이즈와 근력에 맞춰져 있다. 그 상황에 여성이 들어가면 당연히 평균적으로 남성만큼의 성과를 낼 수가 없다. 그렇게 되면 이런 사실이 차별의 정당성을 지지하는 근거로 이어질 것이다. 어쩌면 '여자도 군대 가라.'라고 주장하는 남성들이 진짜 원하는 게 바로 이 지점인지도 모르겠다. 여성을 계속 차별할 근거를 마련하고, 또 확인하고 싶은 것이다.

이런 상황에서는 여성이 군 입대를 한다고 한들 평등을 실현할 수 없다. 남성이 여성을 평가하는 기준이 된 그 순간부터 차별이 내포되어 있기 때문이다. 평등해지기 위해서는 여성이 남성과 똑같아져야 하는 것도, 특별한 배려를 받아야 하는 것도 아니다. 그보다는 남성이 기준이 되는 시스템을 다른 측면에서 바라보고 이를 해체할 수 있어야 한다.

남성들은 남성들만의 공간으로 정의되었던 학교와 직장에 여성의 진입이 허락된 것만으로도 이미 평등이 실현되었다고 여긴다. 그러나 여성의 입장에서 평등은 그런 것이 아니다. 남성과 여성이 진정 평등해지기 위해서는 남성이 일방적으로 만든 제도에 여성이 편입되는 정도가 아니라, 그 제도 자체를 남성과 여성이 상의하여 다시 만들어야 하는 것이기 때문이다.

A국과 B국이 통일을 논의하는데 A국이 쓰던 법이 그대로 통일AB국의 법이 되고, B국 국민은 단지 이 법을 동등하게 적용만 받을 수 있게 된다면, 이게 과연 평등한 통일일까? 그렇지 않다. 누가 봐도 B국이 A국에 흡수된, 불평등한 방식의 통일이기 때문이다. 남녀의 평등도 마찬가지다. 여성이 인간으로 인정조차 받지 못하던 시절에 남성이 일방적으로 만든 법과 사회체제는 이제 여성과의 협의하에 다시 만들어져야 한다. 그러나 남성들은 여성들에게 자신들의 세계에 동화되길 요구한다. 그러면서 여성이 제도의 변화를 요구하는 순간, '그렇게 적응을 못하니 차별을 받는 거야.'라고 말한다. 이것은 너무나도 이기적이고 일방적인 주장이다.

근대 시민법 체계는 스스로 만든 법에 스스로 복종함으로써 시민적 자유를 누리게 된다고 가정한다. 그러나 민주주의, 법치주의, 자본주의 등 근대국가의 각종 사회적 제도와 체제는 여성이 참정권을 인정받기 전에 남성에 의해 만들어진 것이다. 지금도 여성 입장에서는 입법 기구의 형식적 대표성조차 확보되지 않은 상태이다. 이런 상황에서 여성이 남성과 똑같이 군대에 간다 하여, 자신이 스스로 만든 법에 스스로 복종하는 자유로운 시민이라고 느낄 수 있을까?

남성과 여성이 협의하에 만든 새로운 세상은 과연 어떤 세상일까? 그것은 단지 남녀 고위직 비율이 동등한 상태가 아니라, 지금과는 완전히 다른 세상일 것이다. 어쩌면 그런 세상에서는 군대가 필요 없어지거나 혹은 그 중요성이 많이 감소될 것이다. 제2차 세계대전 이후 꽤 오랫동안 세계가 큰 전쟁 없이 평화를 유지하고 있는 이유가 무엇일까? 혹자는 핵무기의 억제력에서 답을 찾기도 하고, 고도로 상호의존적인 경제 시스템에서 답을 찾기도 한다.

나는 '여성의 정치 참여'에서 그 해답을 찾을 수 있다고 본다. 여성은 아이를 낳아 기르는 존재이다. 모든 여성이 꼭 아이를 낳아 기르는 것은 아니지만, 적어도 아이를 낳을 수 있는 신체 기관만은 모든 여성이 갖고 있기 때문에 여성은 스스로를 다른 생명과의 연관성 속에서 파악할 수밖에 없다. 여성은 남성보다 훨씬 전쟁을 회피하려 하는 성향이 강하다. 그런 여성이 국가 기관의 절반 이상을 차지하게 된다면 그 국가의 전쟁 위험성은 훨씬 줄어들게 될 것이다.

종종 남성들은 '임신은 선택이지만 군대는 법적 강제니까 남자가 더 차별받는 것 아니냐?'라고 하겠지만, 이것 역시 남성 역차별이 아니라 애초에 여성 차별에서 파생된 현상이다. 근대 시민법의 이념은 스스로 만든 법에 스스로가 복종함으로써 누릴 수 있는 자유를 바탕으로 한다. 그리고 모든 시민은 이 법의 제정 과정에 참여하여 토론할 수 있다.

하지만 문화와 관습은 법보다 훨씬 비합리적이다. 이는 합리적인 토론을 통해 형성되는 것이 아니라, 강자가 자신의 이해관계를 약자에게 강요하는 과정에서 빈번히 생겨난다. 여성의 의무들이 대개 이런 상황에서 비롯된다는 점이 문제이다. 경제구조는 더더욱 그러하다. 많은 남성들이 '임신은 선택이니 여성 개인이 책임질 문제'라고 말하지만, 남성에게는 애초 그 선택지조차 존재하지 않는다는 점에서, 이는 명백히 개인의 문제가 아닌 성별의 문제임을 알 수 있다. 더 정확히 말하자면 성별 계급제의 문제이다.

사실 여성이 누리는 임신 선택의 자유라는 것도 따져보면 허울뿐인 자유이다. 21세기, 고학력 여성의 하향 결혼을 유도하기 위해 이들에게 취업 시 불이익을 주자고 말하는 사람이 국가의 고위 공직에 있는 나라에서 어떻게 임신이 여성의 자유가 될 수 있는가? 여성은 임신을 선택하기 이전에 임신 가능성만으로도 많은 기회를 박탈당하고, 그러다 보면 남는 선택지는 결혼과 임신밖에 없는 상황에 내몰린다. 이것이 법에 의해 주어지는 의무보다도 훨씬 더 많이 여성의 자유를 침해한다.

나는 차라리 남성의 군복무가 법에 의한 토론의 대상이라도 되는 점이 부럽다. 여성도 만약 '임신의 의무'가 법에 정해진다면 그로 인한 사회적 차별을 시정할 수 있는 것은 물론, 임신과 출산, 양육에 따르는 모든 경제적인 부담을 국가에 지울 수 있게 될 것이다. 남성들이 군대에 가면서 자기 돈으로 군복을 사거나 총을 사지 않듯이. 그런데 임신의 의무가 법으로 정해지지 않은 이유는 아마도 국가가 여성의 자유를 존중하기 때문이 아니라, 여기에 천문학적인 예산이 들어가기 때문일 것이다. 그렇게 되면 자본주의 체제는 유지될 수 없을지도 모른다. 그렇기 때문에 여성의 임신과 출산은 법이 아닌 문화적 관습과 경제구조에 의해 사실상 여성 개인의 부담으로 떠넘겨지고 있는 것이다. 또한 여성에게는 그와 같은 경제구조를 바꿀 기회마저 상당 부분 제한되어 있다.

그러므로 남녀가 평등해지기 위해서는 여성이 남성과 같아지기 위해 노력해야 하는 것이 아니라, 남성이 일방적으로 정의한 '인간'이라는 존재를 여성의 관점에서 다시 정의해야 한다. 남성들은 인간을 '배타적인 권리와 의무의 주체'로 규정했지만, 인간이 타인과의 관계없이 독립된 존재가 될 수 있는가? 그렇지 않다. 인간은 누군가의 뱃속에서 1년을 살아야 하며, 태어난 뒤에도 상당한 기간을 누군가의 돌봄에 의존하게 된다. 인간이 생명권을 갖고 있다 하여, 다른 누군가에게 생명 유지에 필요한 이 모든 일을 강요할 권리가 있는가? 그렇지 않다.

이렇듯 인간은 배타적인 권리, 의무의 소유자가 될 수 없다. 인간을 권리와 의무의 관점에서 파악하는 것은 자신의 신체에 타인을 들여놓을 수 없는 남성의 입장에서만 가능하다. 애초에 권리와 의무라는 개념 자체가 여성 착취적이다. 여성의 포궁胞宮과 돌봄 노동을 도구화하기 때문이다. 여성은 의무를 다해야 권리를 취득하게 되는 것이 아니라, 권리-의무 중심의 인간관을 벗어날 때 자유로워진다. 인간은 타인과의 관계 속에서 존재하지, 홀로 존재하지 않기 때문이다.

남녀의 평등을 위해서는 여성이 남성과 동등해져야 하는 것이 아니라, 지금과는 완전히 다른 새로운 세상을 만들어야 한다. 그러기 위해서는 지금의 세계가 여성 착취의 기반 위에 존재하고 있다는 사실을 인정해야만 한다. 남성들은 늘 군복무의 부담과 어려움을 말하지만, 군대 역시 여성 착취의 기반 위에서 존속하는 기관이라는 점을 인식하는 게 중요하다. 여성이 군대에 가야만 남성과 평등해지는 것이 아니라, 여성이 남성과 평등해진다면 군대 자체가 유지될 수 없다. 전쟁으로 인한 민간인의 피해보다 군인의 피해를 우선적으로 언급하는 것도, 이 사회가 남성 중심적으로 세상을 바라보고, 그 관점에서 모든 것을 정의하기 때문이다.

제2차 세계대전 당시 유럽의 남성들이 전쟁터로 나가자, 여성들이 군수공장에 나가서 일하며 경제구조를 떠받쳤다. 그러나 전쟁을 마친 남성들이 돌아오자, 여성들은 이들에게 일자리를 내주고 다시 가정으로 내쫓겼다. 전쟁은 잉여 노동력의 전제 위에서 가능하며, 그 잉여 노동력이 여성이라는 점에서 군대는 '군대에 가지 않은 여성'의 존재 없이 존립할 수 없다. 그렇기에 군대가 존재하는 한 여성의 지위는 남성에 의해 상대적으로 결정될 수밖에 없다. 남성은 1차적 노동자, 여성은 2차적 노동자로서 취급받는 것이다.

자신의 역할과 지위가 남성에 의해 상대적으로 결정되는 여성들은 삶이 늘 불안하다. IMF 때 역시 마찬가지로, 여성이 남성보다 먼저 해고되었다. 여성 노동력은 언제나 남성 노동력의 공백기를 위해 대기 상태로 존재하며, 여성은 남성이 비운 자리를 대체할 수 있을 뿐이다. 그렇기에 무엇 하나 자신의 능력이나 노력에 비례한 결과를 거두지 못하고 평생 불안에 떨며 살아야 한다. 이 모든 것들이 단지 군대에 가지 않는 대가로 지불하는 것들이라고 보기에는 너무나도 불공정한 거래 조건이 아닌가?

그렇다면 여자도 군대를 가면 되지 않겠는가, 하고 묻는다면 그것 역시 간단치 않은 문제이다. 양성 평등의 표본으로 꼽히는 노르웨이는 여성도 징병하는 국가라 하여 많은 한국 남성들이 부러워하고 있는데, 사실 노르웨이는 '동등한 의무의 부담을 통한 성평등'을 지향하는 것이 아니다. 노르웨이가 여성 징병제를 추진하는 이유는 여성에게 동등한 의무를 지우기 위해서가 아니라 '성평등한 군대를 만들기 위해서'이다. 즉 여성의 시각에서 군대를 변화시키겠다는 것이다. 이는 여성을 동등한 사회 구성원으로 인정하기 때문에 가능한 발상이다.

아울러 노르웨이가 이러한 시도를 할 수 있었던 배경에는 지난 수십 년간 추진된 세계 평화를 위한 노력이 전제되어 있다. 여성 징병 이전에 추진되어야 하는 것은 바로 군비 축소이다. 노르웨이는 말이 여성 징병제이지, 사실은 모병제에 가까운 나라이다. 징병제라고는 하지만 학업 등 다른 사유로 인한 면제도 쉽게 가능하며, 전체 인구 중 군대에 가는 인구가 극소수이다.

지속적인 세계 평화를 위한 노력 덕분에 군대의 필요성이 상당 부분 감소되었기 때문에 여성 징병도 가능한 것이다.

군대의 필요성이 큰 사회일수록 여성 징병은 어렵다. 왜냐하면 비대한 군대를 유지하기 위해 여성을 더 많이 착취해야 하기 때문이다. 군대는 군대에 가지 않은 사람들이 그 기간 동안 경제 활동을 하여 내는 세금으로 유지된다. 징병세라는 명목의 세금이 없다 하더라도 여성들은 그 기간 동안 수행한 경제 활동에 대한 세금을 내는 만큼, 사실상 징병세를 부담하는 셈이다. 이 세원이 사라지면 군대는 유지되기 어렵다. 또한 남성들은 여성들이 군대에 가지 않는 대신 복지기관 등에서 대체복무라도 해야 한다고 주장하지만 여성들은 이미 민간에서 가정 내 사적 복지의 상당 부분을 무급으로 채우고 있는 실정이다.

여성을 징병하는 유럽 국가가 부럽다면, 한국 남성들은 유럽 남성들의 태도를 보고 배워야 한다. 유럽 남성들은 제2차 세계대전 당시에도 투옥을 감수하면서까지 징병 거부 운동을 했다. 그런 남성들의 투쟁의 결과에 힘입어 현재 유럽 대다수의 나라에서는 '양심적 병역거부'가 허용된다. 이런 작은 움직임들이 모여 평화 협정과 군비 축소, 여성 징병으로 이어졌음은 물론이다.

한국의 경우 유럽과는 다르게, 침략 전쟁보다는 방어 전쟁을 더 많이 수행했고 앞으로도 그럴 가능성이 높다는 점 때문에 유럽의 경우를 그대로 적용할 수만은 없다는 지적도 있다. 그러나 군대가 여성 착취의 기반 위에 존재한다는 점은 똑같다. 한국의 경우, '우리나라가 타국에 의해 침략받게 된다면 군대에 가겠다.'라는 조건부 징병거부 운동도 가능하고, 실제로 그러한 운동을 하는 사람도 있다.

방어 전쟁에 의해 세계 평화가 지켜진다는 시각 역시 평화를 위한 한 가지 방법으로 검토해볼 수 있다. 다만 군대는 본질적으로 폭력적일 수밖에 없다는 점에 대해 철저히 경계하고 필요한 범위 내에서 군비를 축소하는 것이 바람직한 방향이다. '여성 징병'을 주장하는 남성들은 이런 점을 간과하고 있다.

여성은 남성과 동등한 의무를 부담함으로써 평등해지는 것이 아니다. 그보다는, 여성 착취의 기반 위에 존재하는 현재의 질서를 변화시킴으로써 평등해진다. 경제구조 역시 마찬가지다. 대기업 위주의 경제구조와 군사주의 문화는 매우 밀접한 연관을 맺고 있다. 현재 대기업에서 군필 남성을 우대하는 이유가 그와 같다. 군대에 다녀온 남성은 폭력에 매우 둔감하기 때문이다. 이것이 대기업들이 군대에 다녀온 남성에게, 국가를 대신하여 '호봉'이라는 경제적 대가를 지불하면서까지 남성을 고용하는 이유이다. 그리하여 대기업이 선호하는 한국 남성들은 대기업 위주의 경제적 폭력에 앞장서게 된다.

최근 전 세계적인 경제 위기의 여파에도 흔들리지 않는 독일 경제 모델이 각광받고 있다. 그런데 독일이 이러한 경제구조를 갖추게 된 것은 아이러니하게도 두 차례의 세계대전 때문이었다. 독일이 전쟁에 패배하자 전승국들은 독일 경제에 개입했다. 이들은 독일의 대기업 중심의 경제구조가 군수산업을 키우고 전쟁을 일으켰다고 보았다. 그래서 대기업을 산산이 부쉈고, 그 이후 독일은 중소기업 중심의 경제구조를 갖추게 되었다. 그런데 대기업의 폭력이 제어되자 중소기업 위주의 창의적인 문화가 꽃 피우게 되었고, 이는 지속적인 기술 개발로 이어져 독일 경제를 일으켜 세우게 되었다. 이는 전승국들도 미처 예상치 못한 결과였다.

후발 자본주의 국가인 한국의 경제구조는, 마찬가지로 후발 자본주의 국가였던 전쟁 이전의 독일과 많은 유사점을 갖고 있다. 독일의 전례를 볼 때, 이러한 경제구조는 필연적으로 폭력으로 나아가게 되는데, 독일처럼 외부로 팽창할 수 없는 조건을 가진 한국의 경우 그 폭력은 외부가 아닌 내부를 향할 가능성이 크다. 그 희생양은 여성, 장애인, 혹은 특정 지역의 거주민과 같은 사회적 약자이다. 이런 상황에서는 국가는 내부적으로 붕괴하게 된다. 그 이전에 바로잡아야만 한다.

남성들은 '여성들이 일찍 퇴근하니까 대기업에 취직 못하는 거다.'라고 비아냥대기 이전에, 자신들이 늦게까지 직장에서 근무할 수 있는 것이 어머니와 아내 등 여성 노동의 착취 위에서 가능했다는 사실을 깨달아야 한다. 여성이 남성과 평등해지면 여성도 장시간 근무를 하게 되는 것이 아니라, 남성의 장시간 근무가 불가능해지게 된다. 사람에게는 누구나 일상생활의 영위를 위한 가사노동이 필요하게 마련인데, 지금까지는 남성에게 필요한 이 모든 가사노동을 여성들이 대신 해주고 있었기 때문이다.

여성의 삶이 변하면 남성의 삶도 변한다. 그러나 남성들은 자신들은 변하려고 하지 않으면서 여성의 삶만 변하길 요구하고 있기 때문에 문제가 되는 것이다. 지금 세계 평화가 이만큼이나 진전된 것은 남성들이 두 차례의 세계 대전으로 인해 경제 영역에서 자리를 비움으로써 여성에게 활동할 공간을 주고, 또 그간 자신들이 저지른 파괴적인 결과를 목도하고 자신들의 실패를 인정했기 때문이 아닐까 싶다. 여성주의는 남성의 실패에서 출발한다. 남녀의 평등 또한, 여성이 남성성을 선망하고 남성과 똑같아지기 위해 노력하는 것이 아니라, 남성들이 지배자로서 자신들의 실패를 시인하는 데서 출발한다.

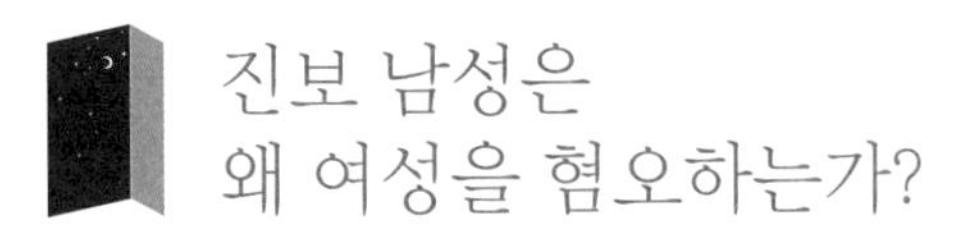

진보 남성은 왜 여성을 혐오하는가?

페미니스트 대통령을 표방한 현 정권과 여성들 간의 관계가 그다지 좋지 못한 것 같다. 특히 논란의 중심에 있는 워마드가 그렇다. 워마드는 현 정권을 격한 어조로 비판하며, 이 때문에 많은 사람들이 워마드를 여성 보수 세력이라고 이야기하기도 하지만, 사실 워마드는 보수도 진보도 아니다. 그보다는 남성 중심의 보수와 진보라는 정치 구획 자체를 뛰어넘으려 시도하는 것에 가깝다.

그래서일까? 현 정권도 워마드를 무척 미워하는 듯하다. 여성의 불법 촬영물을 건당 100원, 200원의 저렴한 가격에 팔아 수백억의 재산을 구축한 사이트들은 전부 놔두거나 벌금 5만 원에 풀어주고는, 고작 다른 사이트에 돌아다니는 남성의 불법촬영물 몇 건을 퍼왔을 뿐인 워마드 운영자에 대해서는 음란물 유포 방조 혐의로 체포영장을 발부하고 인터폴 적색수사까지 요청했으니 말이다.

이런 모습을 지켜보며 워마드의 죄목이 정말 그것일까 하는 의구심이 든다. 비슷한, 아니 그보다 훨씬 큰 죄를 지은 남성들도 법의 제재를 받고 있지 않기 때문이다. 워마드의 진짜 죄목은 다른 데 있고, 음란물 유포 방조 혐의는 핑계인 것 같은 느낌이다. 그러면 워마드가 남성 중심 사회에 저항해서일까? 그것도 아닌 것 같다. 고작해야 임기 5년짜리 정권이 '남성 중심 사회의 유지'라는 장기적인 목표에 골몰할 것 같지는 않기 때문이다.

임기 5년짜리 정권의 가장 큰 관심사는 자신들의 정권 재창출일 것이다. 아마도 현 정권은 워마드를 이에 방해되는 세력으로 점찍은 듯하다. 워마드를 자세히 들여다보면, 이들 중 한때나마 진보 운동에 참여했던 사람들이 많음을 짐작할 수 있다. 이들은 남성들과 함께 진보 운동에 참여했던 경험을 토대로 하여 진보 남성들을 비판한다.

워마드가 일베보다 더 큰 위협이 되는 것은 이 때문이다. 일베의 비판은 차라리 '아무것도 모르고 하는 소리'라고 일축할 수 있지만, 워마드의 비판은 그렇게 간단히 무시할 수가 없다. 일종의 내부 고발이기 때문이다. 물론 인터넷에 올라오는 글이니만큼 진위를 알 수는 없지만, 지어낸 말이라고 치부하기엔 이들의 진술이 상당히 구체적이다. 도저히 내부 사정을 모르는 사람의 글이라고는 보기 어렵다는 것이다.

이런 점은 이들의 행동력을 보아서도 짐작할 수 있다. 여성 커뮤니티 중에 오프라인 행동에 가장 앞장서는 이들도 워마드이다. 워마드의 전신이라고 할 수 있는 메갈리아만 해도, 헤어지자는 여성에게 염산을 붓는 남성들의 테러 행위가 계속되자 11번가에 집단 항의를 하여 고농도 염산의 판매를 금지시키고, 소라넷의 행위를 고발하여 폐쇄시킨 전력이 있다.

워마드는 인터넷 플랫폼이고 워마드 이름으로 진행된 시위도 없지만, 여러 인증 글로 보아 워마드 회원이 각종 여성 관련 시위에 열심히 참여하는 것만은 확실하다. 그래서 다른 여성 커뮤니티에서 '워마드를 배제할 것인가?'를 두고 토론하다가도, 이내 '워마드를 빼고 하자는 이야기는 결국 아무것도 하지 말자는 이야기 아니냐?'라며 유야무야되고 만다. 이들의 행동력을 볼 때, 이들이 다른 사회운동에 참여한 전력이 있음은 어렵지 않게 짐작할 수 있다.

현재 여성운동에 운동권, 이른바 '꿘' 출신들이 끼어드는 것을 가장 경계하고 반대하는 이들도 워마드인데, 이와 같은 경계는 다분히 이들의 과거 경험에 기인한다고 추론할 수 있다. 운동권에 실망한 경험이 없다면 이토록 강경하게 운동권 출신들을 배제하려고 할 리 없으며, 실망하려면 함께 어울려 본 경험이 있어야 하기 때문이다. 이들이 정체를 숨기고 잠입한 '퀀'을 알아보는 안목이 있는 것도 그들과 함께한 경험이 있음을 짐작케 한다.

미국에서 1970년대에 등장했던 래디컬 페미니즘도 마찬가지였다. 남성들과 함께 진보 운동에 참여했던 여성들이 남성 중심의 진보 운동에 실망하여 따로 만든 흐름이 래디컬 페미니즘이었고, 이는 현재 한국에서도 되풀이되고 있는 일이다. 온라인에서 유행하는 말 중에 이런 게 있다. '보수는 나만 룸살롱 갈래 하는 것이고, 진보는 나도 룸살롱 갈래 하는 것'이라고. 결국 보수든 진보든 남성 중심의 평등을 추구할 뿐, 여성을 대상화하고 종속화하는 것은 마찬가지라는 것이다.

지난 2000년, 임수경 의원이 폭로한 5.18 광주 전야제 룸살롱 사건만 봐도 여성들의 이러한 추측이 망상이 아닌 사실이었음을 알 수 있다. 다른 때도 아닌, 5.18 광주민주화운동 희생자들을 추모하러 내려간 자리에서 밤에 진보 정치인들이 룸살롱에 모여 여자를 끼고 술파티를 벌인 것이다. 그러고는 이들은 이를 제지하는 임수경 의원에게 험한 막말을 쏟아 부었다고 한다. 이는 임수경 의원처럼 진보 운동에 공헌한 바가 상당한 여성조차 진보 진영 내에서 동등한 동료로 인정받기 어려운 현실을 보여준다.

이쯤 되면 이는 몇몇 진보 정치인들의 일탈 수준으로만 해석할 문제가 아니라 진보의 필연적인 귀결 아닌가, 라는 생각마저 들 지경이다. 사실 진보가 추구하는 '평등'과 같은 가치는 인류의 본성에 반하는 것으로서, 많은 이들의 공감을 얻기 어렵다. 인간의 본성을 선하게 볼 것이냐, 나쁘게 볼 것이냐에 따라 의견이 갈리겠지만, 많은 정치학자들은 우리에게 인간 본성이 그리 선하지 않음을 경고한다. '우리는 차별하기 위해 태어났다.'라는 일본의 뇌과학자 나카노 노부코의 주장도 이를 뒷받침한다.

인간은 확실히 평등을 추구하지 않는다. 추구한다 하더라도 그것은 그 본성을 거스를 수 있는 뛰어난 이성의 소유자만이 가능한데, 그런 사람이 그리 많을 수는 없다. 진보란 태생적으로 소수자의 운명인 것이다. 그러나 정치는 숫자 싸움이다. 이 과정에서, 진보의 가치에 공감하지 않는 남성들을 억지로 진보 진영에 끌어들이기 위한 수단으로 여성이 사용되었음을 짐작해볼 수 있다. 진보 진영은 사회적 연대를 중요시한다. 그리고 남성들이 연대를 위해서는 여성이라는 제물이 필수적이다. 이것이 민주당은 물론, 정의당과 녹색당까지 모든 진보 정당이 워마드를 목소리 높여 비판하는 이유 아닐까. 여성을 도구화하지 않으면 남성 연대는 성립할 수 없기 때문이다.

진보를 비판하는 여성들은 이제 이러한 연대의 허상을 깨달았다. 어떤 진보 남성들은 '좋은 날이 올 때까지만 여성들이 좀 더 참아 달라.'라고 말하기도 하지만, 그 좋은 날이 언제 온다는 것인지 알 수 없거니와, 그러한 방식으로는 좋은 날을 오게 만들 수도 없을 것이다. 이제 남성 중심의 진보는 지나온 길을 되돌아보고 새로운 앞날을 설계해야 한다. 여성들은 이미 새로운 진보의 길을 모색하고 있다.

새로운 진보가 무엇인가에 대한 생각은 사람마다 다르겠지만, 나는 그것이 우리가 '집단의 위험성'을 깨닫고 좀 더 개인화되는 것이라고 생각한다. 인간은 자신의 행위에 대한 책임을 자신 혼자서 질 때 좀 더 윤리적일 수 있다. 집단 폭행이 잔혹한 것도 그 때문이다. 책임을 서로에게 떠넘길 수 있게 되면, 그리고 자신의 잘못된 행동에 대해 타인의 지지를 받게 되면 인간은 더욱 담대하게 나쁜 짓을 할 수 있다.

진보에게 있어 사회적 연대는 중요하지만, 그 연대가 개인의 정체성을 희석하고, 개인의 존재를 집어삼킬 정도가 되어서는 곤란하다. 개인은 고스란히 개인의 정체성을 간직하는 가운데 '따로 또 같이' 연대하여야 하며, 집단 속에서 자신의 정체성을 찾으려 하는 시도를 우리는 철저히 경계해야만 한다. 동구권을 중심으로 한 사회주의 실험이 실패한 이유 또한 여기에 있을 것이다. 이러한 국가들은 근대 개인주의의 세례를 받기도 전에 공산화되어 버림으로써, 집단적 부패를 경계할 개인의 힘이 너무나도 미약했던 것이다.

민주 사회의 기본 원리는 견제와 균형이다. 미국의 지방자치제도 역시 중앙이 지방을 견제하고, 지방이 중앙을 견제하는 원리로 구성되어 있다. 견제와 균형의 원리는 동등한 힘과 크기를 가진 집단 사이에서만 필요한 것이 아니라는 것이다. 집단과 개인의 관계도 마찬가지이다. 집단은 개인을 견제해야 하고, 개인은 집단을 견제해야 한다. 한국 사회 역시 개인주의가 너무 약한 사회이고, 한국의 진보가 부패되는 이유는 바로 여기에 있다. 앞으로 진보 운동의 활력은 집단의 부패를 견제할 개인의 힘에서 찾아야 한다.

페미니즘은 그 가능성을 보여준다. 여성이 겪는 모든 문제는 그동안 개인적인 문제라는 이유로 외면받아왔다. 이에 래디컬 페미니즘은 '가장 개인적인 것이 가장 정치적인 것이다.'라는 슬로건을 통해 여성 문제의 정치 의제화를 시도했지만, 이제는 한 발 더 나아가서, 여성들의 개인주의적인 성향이 남성중심 사회의 문제점들을 해결할 수 있는 대안이 된다는 점을 지적해야 한다.

조폭과 비교될 만큼 엄격한 상명하복의 질서를 가지고 있는 검찰 조직에서, 반기를 들며 센세이션을 일으킨 두 명의 검사는 공교롭게도 전부 여성이다. 첫 번째로, 임은정 검사는 백지구형이라는 검찰의 관행을 뒤집고 무죄를 구형함으로써 센세이션을 일으켰다. 두 번째로 서지현 검사는 검찰 내 성범죄를 고발하는 한국판 미투 운동을 시작함으로써 센세이션을 일으켰다. 여성들은 남성에 비해 대체로 집단주의 문화에 잘 적응하지 못하는 듯하다.

그런데 공교롭게도, 페미니즘에 찬성하는 남성들 역시 이러한 경향을 갖고 있다. 판사 시절 법원 내부의 비리를 고발하다 제1호 법관 재임용 탈락자가 되고, 그 후 모 로스쿨 교수로 재직하던 중 다시 로스쿨 교수 사회의 비리를 고발하다 '영원한 내부 고발자'라는 별명을 얻게 된 신평 교수 역시 미투 운동을 향해 '문화 혁명'이라고 말하며 지지를 보낸 바 있다. 《개인주의자 선언》이라는 저서를 통해 한국에 개인주의 문화가 더욱 필요함을 밝힌 문유석 판사 역시 페미니즘 성향의 소설 《미스 함무라비》를 지은 바 있고, 《한국, 남자-귀남이부터 군무새까지 그 곤란함의 사회사》라는 책을 집필하여 한국 남성 문화를 비판한 최태섭 작가 역시 남성 중심의 집단 문화에 잘 적응하지 못했던 과거를 밝히고 있다.

이를 보면 페미니즘은 단순히 여성 개인의 인권과 관계된 문제가 아니라, 집단주의에 반대하는 개인주의 운동의 측면이 있음을 알 수 있다. 이러한 개인주의는 지금 시대에 더욱 필요하다. 세계는 점점 하나가 되고, 자본은 국경을 넘어 자유로이 넘나들며 거대하게 덩치를 불리고 있다. 점점 더 거대해지는 집단의 힘 앞에 맞설 새로운 주체는 강한 '개인들'이다. 집단 앞에 꼿꼿이 자신의 정체성을 지키는 개인주의자만이 인류를 구하고 세상을 바꿀 수 있다. 페미니즘은 바로 그 가능성에 대한 이론이다.

여자에 대해 잘 안다고 착각하는 남자들

'여성 혐오'를 지적할 때마다 남성들이 하는 말이 있다. 자신은 여성을 혐오하는 게 아니라 좋아한다는 것이다. 이는 여성 혐오Misogyny의 뜻을 제대로 이해하지 못했기 때문에 하는 말이다. 학술적 의미에서 여성 혐오란, 여성을 싫어한다는 것이 아니라 타자화하고 배제한다는 뜻이기 때문이다. 타자화란 주류의 시각에서 비주류인 상대방을 사물화, 객체화하는 시선을 뜻한다.

성평등을 논할 때마다 남성들의 이러한 태도에 늘 답답함을 느낀다. 남성들은 여성들이 논리적으로 자신들을 설득해야 한다고 믿지만, 아무리 설명해도 남성들은 여성에 대해 자신이 갖고 있는 망상 내지는 환상을 수정하려 하지 않는다. 자신이 상상하는 여성의 틀에 끼워 맞춰서 해석하려 하는 것이다. 가령

'여성은 의존적이다.'라거나 '여성은 남성을 유혹하는 존재다.' 라거나 '여성은 겉과 속이 다르다.'라는 자신의 여성관에 끼워 맞춰서, 여성이 어떤 말을 해도 '여성은 원래 겉과 속이 다른 존재니까 저 말 뒤엔 다른 의미가 숨어 있어.'라고 자신에게 편리한 방향으로 해석을 하는데, 이는 어떻게 설득할 방법이 없다.

대규모 여성 시위를 통해 페미니즘에 대한 관심을 환기해줄 수는 있어도, 애초 여성에 대해 자신이 갖고 있는 망상을 수정하길 원치 않는 남성에게 페미니즘을 이해시킬 수는 없다. '말을 물가로 끌고 갈 수는 있어도, 억지로 물을 먹일 수는 없다.'는 선조들의 격언이 이런 상황을 대변한다. 서점가를 휩쓸었던 이민경 작가의 《우리에겐 언어가 필요하다》라는 페미니즘 실용서 역시 여성들의 이러한 피로감을 정확히 겨냥했다. 남성에게 페미니즘을 이해시키려 하지만 번번이 실패하는 여성들에게 '그건 당신의 탓이 아니고, 당신에겐 그걸 이해시킬 의무도 없다.'라고 말해준 것이다.

문학 이론가 에드워드 사이드Edward W. Said는 동양인에 대해 보이는 서양인의 오만한 태도를 '오리엔탈리즘'이라는 용어를 통해 지적한 바 있다. 이는 동양에 대한 서양인의 지식을 의미하는데 서양인은 지배자로서 자신에게 유리한 관점, 그러니까 '서양은 우월하고 동양은 열등해서 동양에 대한 서양의 지배는 합당하다.'라는 관점에서 동양을 바라보았기 때문에, 아무리 서양인이 동양에 대해 쓴 책을 읽어도 진짜 동양에 대해서는 알 수 없고, 동양에 대해 서양인이 갖고 있는 환상에 대해서만 알게 되었다는 것이다. 이후 오리엔탈리즘은 탈식민주의 담론에서 매우 중요한 개념이 되었다.

여성에 대해 보이는 남성의 태도가 이와 같다. 여성은 '인류의 마지막 식민지'라는 말이 있을 만큼, 여성의 사회적 지위는 여타 그 어떤 사회 집단보다도 낮다. 일제강점기에도 일본 여성의 임금은 조선 남성의 그것보다 낮았다고 한다. 그만큼 성에 관한 갈등은 근원적이며, 남성 중심의 정치가 구획해 놓은 인종, 민족 등의 모든 갈등 지표를 뛰어넘는다는 뜻이다. 그래서 래디컬 페미니즘에서는 성性을 정치의 최종 심급이라고 말하기도 한다.

동양에 대해서조차 서양인들이 오만하고 편견에 가득 찬 시각을 보였는데, 역사상 가장 오랫동안 억압을 받아온 여성에 대해 남성이 그러한 시각을 갖지 않을 수 있을까? 서양의 제국주의 침략이 시작되기 이전 동양은 고유의 문화를 가지고 있었고, 그것들을 기록과 유산으로 남겼다. 진짜 동양에 대해 알고 싶었다면 그런 자료를 살펴볼 수 있었다. 이와 달리 여성들은 역사 그 어느 순간에도, 스스로 자신들에 대해 말할 기회를 갖지 못했다. 인류가 남긴 유산이란 모두 남성들이 남긴 것들, 그리고 설사 여성이 썼다 하더라도 그중 남성의 허락을 받은 것들뿐이었다. 모든 발언권을 남성들이 독점하는 가운데 그들은 여성에 대한 환상을 키워왔다. 남성들이 여성에 대해 갖고 있는 이미지는 여성에게서 보거나 들은 것이 아니라 남성 집단 내에서 보고 들은 것들이다.

초대 기독교 교부들은 여성을 '남성을 유혹하여 죄를 짓게 만든 존재'로 보았고, 많은 남성 중심 문학들은 여성을 의존적인 존재, 질투하는 존재, 거짓말하는 존재로 묘사했다. 여성의 말은 거짓말이라고 단정하고 있는 이들에게, 그 어떤 말로 진실을 입증할 수 있을까? 페미니즘에 대한 남성들의 비난은 대개 자신들이 여성에 대해 갖고 있는 환상에 기인한 것들이다. '피해의식'이라는 말이 대표적이다.

남성들은 페미니즘을 주장하는 여성들에게 '성차별은 존재하지 않는다.'라면서, 모든 것을 여성의 피해의식이라고 몰아갔고, 여기 위축된 여성들은 피해의식에 찌든 사람으로 보일까 두려워 성차별에 대해 함구하기도 했다. 그러나 따져 보면 이 '피해 의식'은 얼마나 오만한 말인가? 여성들의 주장을 '피해 의식'이라고 일축한다는 데서, 그들이 갖고 있는 다음과 같은 사고방식을 엿볼 수 있다. '여성들은 남성이 되길 원한다.' 그리고 '여성들은 남성을 부러워한다.'라는. 피해 의식은 자신과 다른 대우를 받는 사람에 대한 부러움 없이는 성립될 수 없기 때문이다.

나는 페미니즘에 반대하는 남성들과 대화하다 종종 이들이 '페미니스트들은 남성을 부러워한다.'라는 생각을 갖고 있다고 느낀다. 한국의 대표적인 성해방론자인 마광수 교수 역시 마찬가지이다. 그는 자신의 저서와 각종 언론 인터뷰에서 언제나 '야한 여성'을 강조하며, 이것을 거부하는 여성들은 마치 '남성이 부러워서 자신이 여성임을 거부하는 정신질환자'인 것처럼 묘사했다. 남들이 자신을 부러워할 것이라는 착각, 대단한 오만이 아닐 수 없다.

남성들은 자신감과 오만에 가득 차서, 자신들의 모습을 도저히 객관화하지 못하고 있는 것 같다. 그래서 자신들의 모습이 남들이 부러워할 만큼 대단하다고 착각하는 것 같다. 착각이야 자유라지만, 그 착각을 만고불변의 진리인 양 학자의 권위를 빌려 정당화하니 문제이다. 자신은 여성이 아니면서, 여성들이 뭘 생각하고 느끼는지에 대해 여성 자신보다 더 잘 안다는 듯 자신만만하게 말하니 말이다.

미안하지만, 나는 남성이 전혀 부럽지가 않다. 닮고 싶은 존재는 더더욱 아니다. 여성들이 남성과 '동등 대우'를 주장하는 것은, 남성이 부러워서가 아니라 인간이 남성으로 대표되고 있기 때문이다. 인권에 성별이 있을 수 없다. 여성들이 주장하는 것은 인권이지, 남성과 똑같아지는 것이 아니다.

많은 페미니스트들에게 '너 남자 같다.'라는 말은 칭찬이 아니라 모욕이다. 이들은 진심으로 남성 문화에 대해 비판적인 시각을 갖고 있기 때문이다. 나는 페미니즘이란 여성이 남성과 동등해지는 것이 아니라 완전히 새로운 지구를 창조하는 것이라고 믿는다.

한국의 성평등 지수는 OECD 국가 중 꼴찌를 맴돈다. 한국의 경제 순위가 전 세계 10위권 내에 든다는 사실을 고려할 때, 경제발전에 비해 성평등 속도가 형편없이 뒤처진다는 생각을 갖게 된다. 한국 남성들은 '그래도 이슬람보다는 낫다.'라고 말하지만, 사실상 한국은 이슬람 국가보다도 여성 살해 비율이 높은 나라이다.

이 정도로 한국이 경제 순위에 비해 성평등이 뒤쳐진 것은, 어쩌면 한국이 경험한 식민 지배와 관련 있을지 모른다는 생각이 든다. '식민지 남성성'에 대해서는 권김현영을 비롯한 여러 여성학자가 분석한 바 있다. 여기서 나는 한국 남성의 식민지적 열등감을 말하려는 게 아니다. 그보다는, 한국의 '남성성'은 실패한 적이 없다는 점을 지적하고 싶다. 한국 남성이 실패한 적이 없다는 의미가 아니다. 한국의 남성은 식민 지배를 받음으로써 이미 실패했지만, 그 실패는 '남성성'의 실패는 아니었다.

다시 말해, 한국 남성은 '남성성의 과잉'으로 실패한 것이 아니라 '남성성의 결핍'으로 실패한 것이다. 그들은 자신들의 남성성으로 인해 실패한 경험이 없기 때문에, 남성성이 잘못되었다는 생각을 가질 기회가 없었다. 그래서 여전히 남성성을 선망한다. 제2차 세계대전 이후, 남성성이 결국 전쟁을 일으켰다는 반성에서 여성주의를 받아들이고 있는 서구 국가들과는 대조적인 상황이다.

어느 외국 남성 페미니스트가 '남자들이 지금까지 한 일은 지구를 망쳐온 것밖에 없다.'라고 주장하는 것을 보고 놀랐던 기억이 난다. 한국의 남성 페미니스트들 중에서 이러한 주장을 하는 사람은 없다. 손아람 작가, 서민 교수, 문유석 판사 등 비교적 페미니즘에 대해 우호적인 발언을 해온 남성 지식인들도 '여성이 얼마나 남성에 비해 불쌍하고 불평등한 지위에 놓여 있는가.'를 말할 뿐, 남성성에 대해서는 비판하지 않는다. 이들도 남성을 기준으로 여성을 평가하는 오만한 시각에서 벗어나질 못한다. 여성 페미니스트들이 제기하는 문제는 '왜 남성이 기준이 되어야 하느냐?' 하는 것인데, 남성성이 잘못되었다고 생각하지 않는 이들에게 이러한 주장은 그저 부러움에 찬 말로 들릴 뿐이다.

한국 남성들은 긴 역사 가운데 한 번도 힘을 갖지 못했고, 그래서 타국을 침략하는 죄를 지을 기회조차 없었다. 그 죄를 지어본 서구 국가들은 그것을 반성하고 있는데, 죄를 지어보지조차 못한 한국 남성은 아직도 그것이 죄라 인식하지 못하고, 그 죄를 한번 지어보기를 갈망하고 있다. 내가 학창 시절 받아온 역사 교육을 지금 돌이켜보면 끔찍하다는 생각이 든다. 국사 교과서는 우리 민족을 평화를 사랑하는 민족이라고 말하면서도, 세종대왕 시절의 4군 6진 개척이나 대마도 정벌은 자랑스러운 역사로 가르친다.

사실은 침략자와 정복자가 되기를 원하면서도, 현실에서 소원을 이루지 못했을 때는 그 이유를 자신들의 능력이 부족해서가 아니라 평화를 사랑하기 때문이라고 합리화하는 분열적인 태도가 여기서 나타난다. 어쩌면 페미니스트들의 요구가 '남성을 부러워하기 때문'이라고 말하던 남성들은 실제로는 침략자를 부러워하던 자신들의 심리를 여성에게 투사한 게 아니었을지.

서구 여성들에게 있어, 남성의 실패는 바로 여성의 기회였다. 남성들이 전부 전쟁에 뛰어들고서야 겨우 여성들에게도 사회에 진출해 일을 할 기회가 주어졌으며, 남성들이 이끈 전쟁이 지구를 초토화시키고 난 다음에야 여성들에게도 자신들이 건설하고자 하는 사회가 어떤 사회인지 말할 기회가 생겼다. 서구 여성들은 남성의 실패를 기회로 페미니즘 행보를 펼쳐나갈 수 있었다.

그러나 한국 남성들은 도전할 기회를 갖지 못했기에 실패조차 해보지 못했다. 그래서 아직도 서구 남성들이 걸어간 실패의 길을 부러워하고 있다. 어쩌면 한국 여성 인권이 OECD 최하위로 나오는 것은 이 때문인지도 모른다. 남성들이 아직까지 실패를 경험하지 못했기 때문에 자신만만하고, 자신들 문화의 잘못됨을 깨닫지 못하고 있는 것이다. 나는 지금 한국이 당면한 많은 문제들을 해결해줄 수 있는 치료약이 페미니즘이라고 생각한다. 문제가 더 곪기 전에 빨리 한국 남성들이 여성들의 충고를 귀 기울여 들었으면 한다.

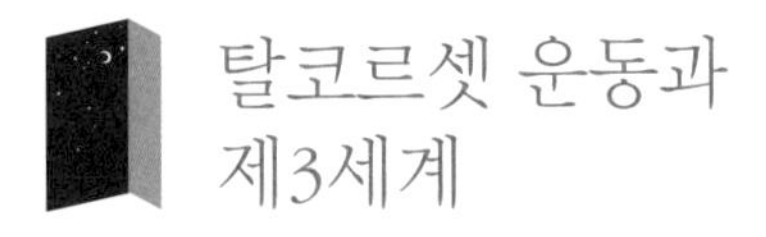

탈코르셋 운동과 제3세계

최근 젊은 여성들을 중심으로 탈코르셋 운동이 전개되고 있다. 여성에게만 부과되는 꾸밈 노동의 의무에서 벗어나겠다는 것이다. 사실 탈코르셋 운동은 서구에서 '제2물결 페미니즘' 때 이미 나왔던 운동이다. 그래서 '한국 여성들이 막연히 서구를 따라한다.'라는 비판도 제기되지만, 탈코르셋은 생각보다 많은 용기를 필요로 하는 만큼 막연히 따라하려는 마음가짐만으로 시도하긴 어려운 일이다. 이들이 이런 운동을 전개할 수 있는 것은 탈코르셋의 필요성을 스스로 느끼기 때문이다.

가장 크게 피부로 와닿는 부분은 '꾸밈의 불편함'이다. 남성들은 여성들의 꾸밈 노동을 두고 12단 변신술이네 뭐네 조롱하면서도, 한편으로는 여성이 꾸밈 노동에 대한 대가 지불을 회사에 요구할 땐 '꾸밈 그게 얼마나 힘들다고 그러냐?'라는 이중적 태도를 보인다. 그러나 확실히 꾸밈은 힘들고, 불편하다.

나의 경우 화장을 하던 시절에도 손재주가 부족한 탓에 기초적인 화장밖에 하지 않았는데도, 그것은 커다란 불편함으로 다가왔다. 특히 여름엔 조금이라도 땀이 날라치면 황급히 손거울을 들여다보며 번지지 않았는지 확인해야 했고, 화장을 한 후 일정 시간이 지나고 나면 다시 수정 화장을 해주어야 했다. 화장품을 고르기 전에 정보 검색을 하는 것 역시 번거로운 일이다. 내 피부 타입에 맞는 화장품을 고르기 위해서는 꽤 많은 돈과 시간을 낭비하며 시행착오를 거쳐야 했다. 게다가 여성복은 왜 그리도 '무난한 옷'들이 적은지, 때와 장소를 가려 입으려면 쇼핑과 외출 준비에 꽤 많은 돈과 시간을 들여야 했다. 결국 물건을 사고 또 사도 부족하다고 느껴졌다.

부잣집 딸이라면 이런 수고로움도 '재미'로 받아들일 수 있을 것이다. 남자들은 여자들에게 '선택지가 넓어서 좋겠다.'라고 투덜대기도 하니까. 그러나 남성보다 적은 임금을 받으면서 '여성의 일'과 '남성의 일'을 동시에 수행해야 하는 노동자 계층 여성들에게, 꾸밈 노동은 재미로 느낄 수 없는 커다란 부담이다.

여성복은 종류가 다양하기도 하거니와 유행도 빨리 바뀐다. 지난여름에 유행한 옷은 소매 부분이 넓은 블라우스였는데, 보면서 마음이 착잡했다. 저 옷을 입고 대체 불편해서 어떻게 일을 하란 말인가! 탈코르셋 운동을 보며 '요즘은 남자들도 꾸밈을 요구받는 시대다! 자기관리해서 나쁠 게 뭐냐!' 하고 말하는 이들도 있지만, 여성의 미와 남성의 미는 기준이 다르다.

여성적인 미의 기준은 하나같이 여성의 활동성을 제한하는 것들이다. 이러한 것들을 '여성적이다'라고 여기는 것을 보면, '로맨스가 여성의 종속적 위치를 성애화한다.'라는 래디컬 페미니즘의 지적이 가슴에 와닿는다. 여성적이라고 여겨지는 복장들이 대개 여성의 활동성을 제한하는 이유는, 그러한 복장에서 남성들이 성적 만족감을 얻기 때문일 것이다.

그렇다면 남성들은 왜 이러한 복장에서 성적 만족감을 얻는 것인가? 아마도 여성을 어디 도망가지 못하도록 자신의 소유로 삼았다는 쾌감이 느껴지기 때문 아닐까. 자신의 소유인 여성이 도망가지 못하게 하려면 최대한 그 여성과 다른 남성의 접촉을 차단해야 하고, 그러려면 굳이 여성이 집 밖에 나갈 필요가 없도록 남성이 충분한 소득을 벌어주어야 한다. 그래서 사회적 성공을 거두고 돈을 많이 번 남성은 자신의 사회적 지위에 대한 보상으로 활동성이 제약된 옷을 입은 여성을 원하게 된 것으로도 보인다. 여성을 자신의 승리에 따라오는 전리품 내지 트로피 정도로 생각하는 남성 중심적 사고가 물씬 느껴진다.

아무튼 꾸밈은 원래 부유층 여성들의 전유물이었다. 지금도 부유층 여성들은 꾸밈 노동에 큰 불편을 느끼지 않을지도 모른다. 가사노동을 대신해줄 다른 노동력이 있고, 화장품과 옷을 살 만한 충분한 돈이 있으며, 길거리를 걷다가 땀이 나서 화장을 수정할 필요 없이 에어컨이 빵빵하게 나오는 개인 자동차가 있을 테니까. 꾸밈 노동은 생각보다 많은 돈을 필요로 한다. 직접적으로 꾸밈에 필요한 도구들을 사는 비용을 제외하고도, 여성이 가사 노동 혹은 기타 사회적 노동에서 해방될 만한 돈이 필요한 것이다. 당연히 대다수 노동자 계층 여성들에게는 큰 부담이 될 수밖에 없다.

중국의 전족 풍습도 그러했다. 기형적으로 작은 발을 만드는 전족은 원래 부유층에서만 행하던 관습이었다. 작은 발로는 혼자 걸어 다니기도 힘들 테니 굳이 일하러 나가지 않아도 되도록 대신 일해 주는 노비가 있는 집, 그리고 걸어 다닐 때 부축해 줄 하녀가 있는 집에서나 어린아이에게 전족을 행할 수 있었던 것이다. 그러나 점점 이게 여성적인 미의 기준으로 고착화되자 노동을 해야만 먹고 살 수 있는 하층 여성들까지도 전족을 하기 시작했다고 한다. 남성들이 전족을 한 여성을 선호했기 때문이다. 남성의 마음을 잡기 위해 여성들은 전족을 하는 수밖에 없었는데, 이들은 전족을 한 발로 제대로 걷지 못해 땅을 기어 다니면서 농사를 지었다고 한다. 이 얼마나 비참한 모습인가!

현대의 꾸밈 노동이 전족만큼 가혹하지는 않겠지만, 현대의 평범한 여성들 역시 이러한 딜레마 속에 빠져 있는 것은 마찬가지이다. 이젠 평범한 여성들에게도 연예인 수준의 자기관리가 당연한 듯이 요구되며, 취업을 위한 9종 세트에 '성형 수술'까지 포함되어 있는 판국이다. 게다가 기업에서는 대놓고 여성 지원자의 외모를 따진다. '남성에게 경제적으로 종속된 여성'이 되는 동시에, '남성의 영역에도 도전하는 여성'이 되어야 하는 딜레마에 처해 있는 것이다. 종속적이면서 동시에 독립적이어야 한다는 모순적 요구를 받는 노동자 계층 여성들은 둘 중 하나를 포기할 수밖에 없다. 그것이 바로 탈코르셋 운동이다.

그런데 탈코르셋 운동은 유난히 한국에서 거세다. 원래 탈코르셋 운동은 서구에서 유래한 것이기는 하지만 서구에서는 화장품 업계가 흔들릴 만큼은 아니었는데, 한국에서는 화장품 업계가 휘청거릴 만큼 대중적으로 크게 확산되고 있다. 한국에서 탈코르셋 운동이 이렇게 대중적으로 확산된 이유는 무엇일까? 나는 제3세계라는 국제정치 지형과 연관하여 이 현상을 해석하고자 한다.

서구의 여성 해방은 그들이 저버린 기존의 여성의 의무를 대신 해줄 제3세계 여성들을 통해서 가능했다. 그들이 속박된 '가정'에서 벗어나 '일터'로 향했을 때, 그들의 집에서 원래 여성의 몫인 가사노동을 대신해준 사람들은 제3세계 여성들이었다. 이 점에서 서구 백인층 여성들의 이해관계와 제3세계 여성들의 이해관계는 엇갈리게 된다.

《모두를 위한 페미니즘》의 저자 벨 훅스는 적어도 흑인 여성들에게 있어서는, 일이 여성을 해방시켜주지 못했다고 지적한다. 이들은 남성과 같이 밖에 나가 일을 하면서도 여전히 집에 돌아와 가사노동을 해야 했다. 그러나 백인 여성들은 가사노동을 저임금으로 제3세계 여성들에게 맡긴 뒤에, 자신들의 학력 수준에 맞는 고임금 직종으로 진출함으로써 여성 해방을 달성할 수 있었다.

이들이 상대적으로 꾸밈 노동의 불편함을 덜 느낄 수 있었던 것도 이들은 가사노동으로부터 해방됐을 뿐만 아니라 꾸밈 노동에 필요한 도구들을 살 만한 충분한 돈이 있고, 또 활동성이 크지 않은 사무직 일자리를 구할 수 있었기 때문일 것이다. 그러나 아직 서구만큼 발전하지 못한 한국의 상황에서, 대다수 한국 여성의 처지는 백인 여성과는 다르다.

비혼의 젊은 여성이라 해도 아빠나 오빠, 남동생의 밥 차리기 등에서 자유롭지 않은 경우가 허다하다. 오빠나 남동생과 같이 학교에 다녀도 엄마 집안일 돕기는 늘 딸의 몫이다. 게다가 대부분의 젊은 여성이 갖게 되는 일자리들은 화장품이나 옷 등을 사기에 부담이 될 만큼 임금이 적기도 하고, 또 대중교통을 타고 출퇴근하는 여성의 입장에서 화장의 부담은 훨씬 크다. 가난한 노동자 계층의 여성이 부유층 흉내 내느라, 더 정확히 말하면 여성의 삶을 온전히 책임지지도 못하면서 단지 여성을 지배하고 있다는 만족감만을 누리기 원하는 남성을 위해서, 너무 커다란 부담을 지고 있는 것이다. 물론 불편함을 떠나서, 꾸밈 노동이 여성의 종속된 위치를 나타내주는 것이기에 거부한다는 페미니스트도 있을 것이다. 그것도 맞는 말이다. 그러나 이토록 많은 여성이 탈코르셋에 공감하는 것은 실제적으로 느껴지는 불편함이 주된 이유이다.

'여성성'은 허구적 관념이다. '남성성' 또한 그러하다. '남성성'으로 구성된 특질들은 주로 지배자의 요소이지만, 현실의 남성들이 여성의 삶을 온전히 책임지고 있는 경우는 드물다. 그리고 이는 제3세계에서 더욱 두드러지게 나타난다. 제3세계에는 저임금 일자리가 더욱 많으며, 대개 저임금 일자리는 여성의 차지가 되기 때문이다.

한국이 한창 경제성장을 하던 1969년에 경공업 제품의 수출 비중은 무려 81퍼센트에 달하기도 했는데, 경공업 분야에서 일하던 노동자들이 바로 어린 여성들이었다. 이들에게 가혹한 초과 노동을 시키고 임금을 착취하는 방식으로 국가와 기업은 자본을 형성했으며, 그 자본을 2차, 3차 경제개발계획에 투자하는 방식으로 한국은 빠른 속도의 경제발전을 이룩할 수 있었다. 그러나 경제가 성장하고 난 뒤 이 모든 공로는 남성들에게 돌아갔고, 오늘날 한국 사회는 이들을 산업 역군이 아닌 여공이라 부른다. 그러면서 남성들은 되레 자신들이 경제를 성장시킬 동안 여성들은 뭘 했느냐고 질타하기까지 한다.

그러나 한국 여성들이 일하지 않았던 때는 별로 없었다. 산업발전 초창기는 물론, IMF 때 역시 잘린 가장을 대신하여 많은 여성들이 생업 전선에 나섰으며, 일가족의 생계가 여성 가장의 어깨에 매달린 경우도 허다했다. "저희 반찬 값 벌러 나오는 거 아니고, 생활비 벌러 나와요."라는, 영화 〈카트〉 속 대사가 이를 말해 준다.

여성이 주 생계부양자인 경우도 우리의 예상보다 훨씬 많다. 여성이 가구주인 세대가 무려 3분의 1에 달하며, 남성이 가구주인 세대라 해도 여성의 소득에 의존하는 경우도 그리 드물지 않다. 그러나 벨 훅스의 지적처럼 한국 여성의 경우에도, 저임금에 집중적으로 분포한 여성 일자리가 여성 해방을 가져다주진 못했다. 이제 탈코르셋 운동은 국내정치 지형뿐만 아니라 국제정치 지형에까지 도전장을 던지고 있다.

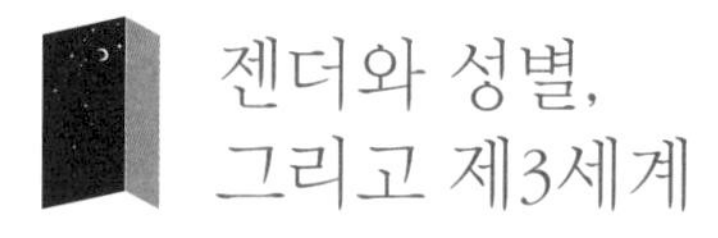

젠더와 성별, 그리고 제3세계

최근 기존의 여성운동 진영과 새롭게 떠오르는 온라인 중심의 젊은 페미니스트 진영 사이의 단절과 갈등이 가속화되고 있다. 1983년 한국 여성의 전화 창립을 계기로 시작된 한국의 페미니즘 운동은 국민의 정부 들어 여성부가 창립되며 제도화의 길을 걷다가 그 후로 서서히 활력을 잃기 시작했다. 새로운 활동가 영입이 점점 어려워지며 페미니즘 위기론이 대두하기도 했다.

그러다 최근 몇 년 사이에 전 세계적으로 페미니즘 리부트 바람이 불었는데, 한국은 기존 여성운동 진영과의 연관성 없이 젊은층이 온라인을 중심으로 자체적으로 일으킨 것이었다. 새로운 페미니스트들은 기존의 여성운동가들을 불신하며, 기존의 여성운동가들 역시 새로운 페미니즘 운동을 격려하는 한편 우려 섞인 시선을 보내고 있다.

이는 단순한 세대 갈등을 넘어서서 여성 내부의 계급 갈등, 그리고 국제사회에서의 한국의 위치 등 여러 차원의 문제와 맞물려 있다. 일본의 여성학자 우에노 지즈코는 현재 일본에서 페미니즘을 외치는 여성들 중에는 최상류층보다 한 단계 아래 정도의 여성이 많다고 지적한다.

페미니즘 운동이 처음 시작되던 시기만 해도 이 운동을 이끌어나가던 이들은 대개 최상류층 여성들이었다. 제아무리 잘 교육받은 최상류층 여성이라 해도 흑인 남성에게 부여된 투표권을 가질 수 없었기 때문이다. 이들의 운동을 통해 성별을 이유로 한 불합리한 차별들이 철폐되자 새로운 문제들이 생겨나기 시작했다.

단지 성별만을 이유로 한 차별들은 피할 수 있게 됐지만, 그 다음으로는 여성의 신체만이 겪는 특수한 일들이 문제가 되기 시작한 것이다. 이러한 문제들에서 최상류층 여성들은 비교적 자유로울 수 있었다. 임신이야 어쩔 수 없다 치지만, 육아와 가사 등은 다른 여성에게 맡길 수 있었기 때문이다. 게다가 임신 역시도 피임 등의 방법을 통해 어느 정도 해결 가능한 문제였다. 최상류층 여성들에게는 이 정도만의 평등 조치만으로도 충분했던 것이다.

그러나 바로 그 아래 계급인 상류층 내지는 중상류층 여성들은 이런 방식으로 가사와 육아 문제를 해결할 수 없었다. 그리하여 페미니즘이 좀 더 많은 여성에게 확장되던 시기에 제2물결 페미니즘이 등장하기 시작했다. 제2물결 페미니즘에서는 여성과 남성의 공통점보다도 차이에 집중했다. 여성이 겪는 임신, 출산, 가사 등 여성만의 특수한 이슈에 집중하기 시작한 것이다.

그러다 최근 들어 제3물결 페미니즘이 들이닥치고 있다. 1995년 제4차 세계여성회의에서는 '성별' 대신 '젠더'를 공식 용어로 채택했으며, '성주류화 정책'을 기본 방향으로 채택했다. 성주류화는 여성이 아닌 남성에 초점을 맞추는 방식이다. 그 이전까지는 여성을 남성의 세계에 동화시키려 하거나 혹은 차이를 생각해 따로 배려하는 방식으로 성평등을 추구했다면, 이제는 남성 중심의 질서 자체를 변화시키겠다는 것이다. 이를 '젠더 관점의 주류화'라는 측면에서 성주류화Gender mainstreaming라고 한다.

젠더는 획기적인 발명품이다. 남녀가 타고난 성별에 따라 각각 다른 성역할 규범을 부여받는다는 '젠더' 이론은 많은 현상들을 적절히 설명해준다. 왜 여성들이 동등한 기회를 부여받더라도 상대적으로 저임금 직종에 많이 종사하는지 등등. 따라서 젠더를 활용하면 남성과 여성의 기계적 평등을 넘어서 실질적

평등을 지향할 가능성이 생기게 된다.

그러나 당시 세계여성회의에서 성별 대신 젠더를 공식 용어로 채택하는 데는 제3세계 페미니스트들의 격렬한 반대가 있었다. '성별'을 지워버린 '젠더'라는 용어가 자칫하면 남성에게도 혜택을 주는 제도로 오해되어 여성 특수적 정책들을 약화시킬 위험이 있다는 것이다. 그리고 그 지적은 적절했다. 여기서 선진국과 제3세계 페미니스트들의 이해관계가 충돌한 것이다.

요즘 하버드 여학생들 중 입학과 동시에 난자를 채취해 냉동 보관하는 이들이 점점 늘고 있다는 뉴스가 나온 적이 있다. 학업 기간이 점점 늘어나고 있기 때문에 학업을 끝낸 후 임신하기 위한 조처이다. 이 난자로 수정된 아기는 과연 누구의 몸에서 자라게 될까? 아마 백인 여성은 아닐 것이다. 이제 선진국의 최상류층 여성들은 과학기술의 발달에 힘입어 임신마저 다른 여성들에게 전가할 수 있게 되었다. 이 와중에 여성들 사이의 계급투쟁이 더 격렬해질 것은 당연한 이치이다.

한국에서도 큰 인기를 끌었던 《모두를 위한 페미니즘》의 저자 벨 훅스는 '여성의 사회 진출'이 여성 해방을 가져올 것이라는 시각에 대해 회의적이었다. 이것은 서구 백인 여성 중심의 관점이라는 것이다. 벨 훅스의 지적에 따르면 흑인 여성들은 이미 사회에 진출하여 노동하고 있었지만 해방되지 못했다고 한다.

한국의 상황 역시 비슷하다. '여성의 사회 진출'이 결국 여성의 이중 노동으로 귀결되었다는 지적이 여성계 내부에서도 나오고 있다. 선진국 백인 여성들이야 자신이 기존에 하던 가사 육아를 제3세계의 다른 여성에게 맡기고 일터에 나가 일함으로써 해방될 수 있겠지만, 자신의 가사 육아를 맡길 또 다른 여성이 없는 제3세계 여성 입장에서 이것은 해방이 아니라 이중 노동일 뿐이다. 여성의 삶은 이전보다 더 고달파진 것이다.

어쩌면 남녀가 옛날보다 많이 평등해졌다는 것도 선진국 중심의 허상인지 모르겠다. 실은 남녀가 평등해진 것이 아니라, 남성의 삶은 그대로인데 여성들끼리 폭탄 돌리기를 하고 있는 것 같다. 한국은 선진국과 제3세계 사이에 끼여 있는 중진국이다. 선진국에서 볼 수 있는 현상도 일부 나타나면서, 동시에 제3세계에서 볼 수 있는 현상도 나타난다.

따라서 선진국과 제3세계의 갈등이 한국을 무대로 하여 맞붙게 될 가능성이 크다. 영구혁명론을 주장한 러시아의 혁명가 트로츠키 역시 마르크스의 예측과 달리 선진국이 아니었던 제정 러시아에서 먼저 혁명이 일어난 이유에 대해, 선진국과 후진국 사이의 갈등을 그사이에 끼어 있는 약한 고리인 중간국이 버티지 못했기 때문이라고 분석한 바 있다. 혁명은 중간국에서 일어날 가능성이 가장 크다는 것이다. 한국에서 아시아 최대 규모의 여성 시위가 일어나고, 전 세계 페미니스트들이 한국의 여성들을 주목하는 상황을 볼 때, 트로츠키의 이론을 여성 문제에도 적용할 수 있을 듯하다. 서서히 여성의 지위가 향상되면서 생겨나는 선진국과 후진국 사이의 여성 갈등이 중간국인 한국에서 터질 수 있다는 것이다.

한국의 성격차가 아프리카나 이슬람 국가보다 높게 나오는 것도 선진국과 후진국 사이의 여성 문제의 모순이 한국에서 극대화되었기 때문일 수 있다. 한국 남성들은 이런 통계 자체를 불신하지만, 이는 한국 남성들이 국내적 요인만을 보기 때문일 수 있다. 국제적 시각으로 본다면 이러한 통계는 신뢰할 만하다. 한국 여성들은 선진국 여성의 의무와 후진국 여성의 의무를 동시에 수행하는 '이중 노동'에 노출되어 있기 때문이다.

한국은 아직 선진국의 페미니즘을 따라갈 단계가 아니다. 한국의 최상류층 여성들은 가사와 육아를 다른 여성에게 맡길 수 있지만 대부분의 여성들은 그렇지 못하다. 여성들이 맞벌이를 한다 한들 대부분의 여성 일자리는 베이비시터 혹은 가사도우미의 월급과 비슷한 수준이다. 그렇기 때문에 결혼하게 되면 경력 단절이 일어나게 된다. 여성 입장에서는 자신이 밖에서 일해서 번 월급을 몽땅 베이비시터에게 주느니 차라리 자신이 직접 아이를 돌보는 쪽을 택할 것이기 때문이다.

결국 선진국 중심의 '여성의 사회 진출'이라는 것도, 저임금으로 다른 여성에게 가사 육아를 맡기고 그 이상의 월급을 벌어들일 수 있는 백인 여성의 입장에서나 가능했던 것이다. 따라서 여성 문제를 더욱 국제적 시각에서 보고 국제적 연대를 구축하는 것이 한국의 페미니스트들에게 남은 과제일 것이다.

참고 도서

강이수, 《여성과 일》, 동녘, 2015.

강준만, 《강남 좌파》, 인물과사상사, 2011.

______, 《정치를 종교로 만든 사람들》, 인물과사상사, 2016.

김종인, 《결국 다시 경제민주화다》, 박영사, 2017.

김희경, 《이상한 정상가족》, 동아시아, 2017.

무타 카즈에, 《부장님, 그건 성희롱입니다》, 나름북스, 2015.

배상훈, 《대한민국에서 범죄 피해자가 되지 않는 법》, 스노우폭스북스, 2018.

벨 훅스, 《모두를 위한 페미니즘》, 문학동네, 2017.

사이토 아키요시, 《왜 함부로 만지고 훔쳐볼까?》, 인물과사상사, 2018.

성매매피해여성지원센터 살림, 《너희는 봄을 사지만 우리는 겨울을 판다》, 삼인, 2006.

양승훈, 《중공업 가족의 유토피아》, 오월의봄, 2019.

우에노 지즈코·미나시타 기류, 《비혼입니다만, 그게 어쨌다고요?》, 동녘, 2017.

이병훈·이주환·강은애·홍석범·김종진 지음, 박진희 사진, 《사장님도 아니야, 노동자도 아니야》, 창비, 2013.

이이지마 유코, 《여성 파산》, 매경출판, 2017.

이화여자대학교 한국여성연구원 기획, 이재경 엮음, 《국가와 젠더》, 한울, 2010.

장신모, 《나는 여경이 아니라 경찰관입니다》, 행성B, 2018.

정희진, 《아주 친밀한 폭력》, 교양인, 2016.

존 스튜어트 밀, 《여성의 종속》, 책세상, 2006.

진영재 엮음, 《한국 권력구조의 이해》, 나남, 2004.

최장집, 《민주화 이후의 민주주의》, 후마니타스, 2010.

최지은, 《괜찮지 않습니다》, 알에이치코리아, 2017.

희정, 《노동자, 쓰러지다》, 오월의봄, 2014.